JN109786

幼少期の
トラウマが
消え去る

性格を変えるための
認知行動療法
ノート

倉成 央 **Kuranari Hiroshi**

大和出版

たったひとつの行動が人生を変えていく
はじめに

　本書のタイトルは、『性格を変えるための認知行動療法ノート』となっていますが、認知行動療法だけを紹介しているのではありません。「認知行動療法」と「交流分析」のふたつの心理療法の理論をベースにしたワークを紹介しています。

　ひと言で心理療法と表現しても、認知行動療法と交流分析は、背景の理論が異なるものです。認知行動療法は数多くの研究を基礎にした科学的なアプローチであり、学習理論を背景にしています。一方で交流分析は、「人はみなOKである」という哲学を持ち、人間性心理学の考え方をベースにしたものです。認知行動療法も交流分析も、カウンセリング臨床において多く使用されているものです。

　交流分析は、「口語の精神分析」と言われたほど、問題行動がどう起きるかという心の中の仕組みについて、平易な用語を使い、わかりやすく説明しているため、一般の人にも理解しやすいものです。
　したがって、自分の心の仕組みについて知りたいという多くの要望にも応えやすいものです。現に、自分の行動や思考の背景にある心の仕組みを知りたいと思っている人は少なくありません。
　しかし、交流分析は行動変容に向けて具体的に進めていくための技法に弱いところがあります。気づきを基に、自分で行動を修正し、コントロールすることを実践していくことが求められます。

認知行動療法は、認知の修正や行動の変容に焦点を当てているため、今の問題行動を具体的に改善していくことに強い力を発揮します。問題行動を改善するにあたって、心の仕組みまで深く知る必要がありません。そのため、早急に問題の解決を図りたい場合や、早くに症状改善を望む場合、そして問題解決に自己分析までを求めない場合にも有効です。

　私たち、カウンセリングにあたる者は、心理療法の背景は異なっていても、そのクライアントの状況や要望に合わせて、様々な療法を組み合わせて使います。それぞれの長所と短所を理解したうえで、もっとも良い形で支援できることが望ましいのです。

　本書では、認知行動療法と交流分析を組み合わせてワークを行います。問題行動に関連する認知の修正には認知行動療法を、問題行動の背景にある心の仕組みを理解するためには交流分析を、そして自身の問題を改善するための行動の定着は認知行動療法を、それぞれ使っています。

　第2章（Step2）では、認知行動療法により現在の問題に関連する認知の修正を行い、第3章（Step3）と第4章（Step4）では交流分析により現在の問題の背景となる心の仕組みを知り、幼少期の認知を理解・修正し、第5章（Step5）では幼少期の認知の修正を行動面から定着させるために認知行動療法のワークを実施します。

　認知行動療法と交流分析を組み合わせたワークを実施することにより、性格の改善に大きく役立ってくれることを願っています。

　19世紀の哲学者・心理学者でウィリアム・ジェームズの言葉といわれているものがあります。

考え（心）を変えると行動が変わる。

行動を変えると習慣が変わる。

習慣を変えると性格が変わる。

性格が変わると運命が変わる。

　運命は、変えようがないものではありません。そうはいっても、運命を変える、人生を変えると聞くと、たいへんな労力を要するものだと思いがちです。しかし決してそうではありません。

　これからの人生がどう変わっていくか、それは心にまくたったひとつの種から始まるのです。今日のたったひとつの行動が自分の人生を変えていくことにつながっていくのです。

　本書のワークを活用し、より良い人生の実現に役立てていただきたいと思います。

CONTENTS

性格を変えるための認知行動療法ノート

1

性格は変えられる

STEP

2

認知行動療法で「心の言葉」を修正する

STEP 3
交流分析で「信条」を解き明かす

STEP 4

幼少期に決めた信条を修正する

STEP 5

新しい行動を実践する

本文デザイン……齋藤知恵子（sacco）
イラスト…………こいずみめい
ＤＴＰ……………青木佐和子

∫TEP

1

性格は変えられる

性格に悩むのはどんなとき

　私たちが性格に悩んでしまうのは、どんな瞬間でしょうか。

　自分の性格について嫌だと意識する瞬間は、自分の考え方・感じ方・行動や態度のいずれかをとても心地よくないものと認識したときです。そして「何でこんなふうに思ってしまうのだろう」「何でこんな（嫌な）気持ちになるのだろう」「何であんな態度（行動）を取ってしまうのだろう」と、批判的にとらえたのです。その瞬間の思考・感情・行動が、自分にとってネガティブなものであり、こうありたいと考えるあるべき姿とは大きなギャップがあったのです。

｜　自分の「思考・感情・行動」を後悔する　｜

<u>「何でこんなふうに思ってしまうのだろう（思考）」</u>は、

- ●ちょっとした失敗で「私はダメだな」と思ってしまう
- ●ちょっと嫌なことを言われただけなのに「私のことをわかってくれる人なんていないのだ」と思ってしまう
- ●子どもが言うことを聞いてくれなかっただけなのに「何でみんな私の邪魔ばかりするの」と思ってしまう

　などです。そして頭のどこかでその考えが不合理で、そう思わなくてもいいとわかっています。ポジティブに考えられたらいいのにと思います。

<u>「何でこんな気持ちになるのだろう（感情）」</u>は、

- ●夫から家事のことで文句を言われると罪悪感がわいてしまう
- ●子どもが部屋を散らかすと強い怒りがこみあげてしまう
- ●商談がうまく進まないとゆううつな気分がわいてしまう

●上司の機嫌が悪いと恐怖や不安を感じてしまう

　などです。こんな気持ちがわかなくていいのに、もっとポジティブな気分で対処できたらいいのにと思います。

　また「何であんな態度を取ってしまうのだろう（行動）」は、

●迫力ある上司の前でおどおどした態度を取ってしまう

●親につい反抗的な態度を取ってしまう

●やればいいとわかっているのに行動に移せない

●夫の顔色をうかがい機嫌を取ってしまう

　などです。ちなみにここでの行動とは、態度や表情など非言語的な反応を含めています。こんな行動を取らなくてもいいはずですし、違う行動で対応できたら心地いいはずです。

｜ 何度も同じパターンを繰り返す ｜

　後悔するような思考・感情・行動は、なじみあるものであるはずです。性格だと認識しているくらいなので、今回初めて体験したものではないはずです。同じような状況で、同じような出来事があったとき、また同じ相手に対して、しばしば繰り返してきたものです。思考・感情・行動がパターン化され繰り返されているのです。

　心配性、完璧主義、過剰適応、依存的などネガティブな性格を表す言葉があります。これらに当てはまると思っている人も、思考・感情・行動のパターンに悩んでいるのです。

　何かをやろうとするときは、「大丈夫だろうか」「うまくやれるだろうか」「失敗したらどうしよう」と心配するというパターンを頻繁に繰り返している。それが心配性です。心配性を改善するといっても、どこから手をつけたら良いかわからなくなりますが、思考・感情・行動のパターンとして見ると、問題点が見えてくるものです。

性格とは何か

そもそも性格とは何でしょうか。

性格とは、

● 思考（考え方）

● 感情（感じ方）

● 行動（行動、反応や態度）

のパターンが集まったものです。

人はそれぞれ、思考・感情・行動のパターンをたくさん持っています。たとえば校門が閉まりそうになるときに、「遅れたら大変」（思考）と焦り（感情）、何とか間に合うように走る（行動）人もいれば、「遅れてもいいや」と平然とゆっくり歩く人もいます。同じ出来事に遭遇しても、人によって思考・感情・行動の違った反応を示すのは、人によって特定の状況に直面したとき、どう考え・どう感じ・どう行動するかのパターンが異なるからです。

｜ 好ましいパターンと受け入れ難いパターン ｜

　人が持っているたくさんのパターンの中には、好ましい思考・感情・行動もあります。テストの点が良くない結果だったときにはいつも「次はいい点を取る」とやる気になり勉強するというパターンを持っていたとしたら、それはきっと多くの人にとって好ましいと受け取れるでしょう。

　しかしながら、テストの点が悪いとやる気がなくなって「このままではやばいから勉強しなきゃ」と焦りながらも試験まで勉強が手につかないというパターンを繰り返すとしたら、それはどうでしょうか。

　前述の通り、**性格に悩むとは、ある状況における自身の思考・感情・行動のパターンが好ましいものではなく、受け入れ難いものである**ということです。

｜ 性格は自分が決めた ｜

　性格には、生得的なものがあると考えられます。生まれつき持っている性質です。しかしながら、生まれつき持っているからといって全部が変えられないわけではありません。大人になった人が持っている思考・感情・行動のパターンの多くは、生まれつき以上に環境の影響をかなり受けているとも考えられています。

　環境の影響とは外部からの影響、すなわち今までの様々な体験や出会った親や家族、友人や学校、社会との交流から影響を受けて作られてきたということです。作られてきたというのを別の言い方をするならば、

「こういうときにはこういうふうに考えて、こういう感情を使って、こういうふうに行動しよう」

と決めて取り入れたものです。

｜ パターンのひとつひとつを変えていこう ｜

そして性格とは、生涯を通して比較的安定したものであると考えられています。ということは、10代のころも今も思考・感情・行動のパターンはそれほど大きく変わっていないということです。

もちろんコロナ感染拡大時に非常事態宣言下のステイホームにより生活が一変し、家族とのコミュニケーションの取り方が大きく変わったという人が多数いたように、大きな出来事に出合うことで変わる部分もあるでしょう。

しかしながら、それが性格の根本の部分まで変わっているのかは疑問です。そして何もしなければ多くの場合大きく変わることはないのです。したがって、現在自分が悩んでいる性格があるとすれば、それは今後も大きく変わることはないのです。

ただ、性格は変わらないと述べているわけではありません。性格を構成している思考・感情・行動のパターンひとつひとつは変えることができるものが多くあります。性格は決して刻み込まれたものではなく、自らが取り入れたものの集まりなのです。

本書は、心理療法の理論と技法を使って、嫌だと思う性格の一部分、変えたい思考・感情・行動のパターンを変えていくためのワークを紹介していきます。

$\int TEP$

2

認知行動療法で
「心の言葉」を修正する

認知行動療法とは

　認知行動療法はいくつもの理論から構成されている心理療法です。

　認知行動療法を構成する主な理論は、刺激と反応の関係で学習が成立し、行動のパターンが形成されると考えて、それを活用することで行動変容を促す学習理論と、行動に影響を与える認知に焦点を当てて、その認知の変容を通して行動の変容を促す認知療法の理論です。

　したがって認知行動療法には、学習理論を基本に置く行動療法系と認知療法系の、数多くの手法が含まれています。

｜　好ましくない行動を抑えていく行動療法　｜

　行動療法では、具体的な問題行動を解決の対象としています。そして行動を変容させるためにはどのような体験が必要なのかを考え実践していきます。その理論の歴史は古く、1920年代のJ.B.ワトソンの行動主義心理学までさかのぼります。その後も、多くの研究者により理論が積まれ発展を遂げました。行動療法は多くの基礎研究に基づいた科学的な理論と手法がベースとなっています。数ある心理療法の中でも、もっとも科学的なものであるといえるでしょう。

｜　何がその感情や行動を生み出したのか　｜

　認知療法の理論に関しては、A.エリス（論理療法）とA.ベック（認知療法）の理論があります。

　エリスの理論では、出来事の結果は、出来事をその人がどう受け取ったかという認知の影響を受けるというものです。すなわち出来事があったから結果があるのではなく、その間の認知の影響を受けて結果があるのです。したがってその認知が不合理な性質も持ったもので

あれば、好ましくない結果をうみ出してしまいます。

　ベックの理論は、出来事が起きたときに、小さいころに形作った価値観や評価基準（スキーマ）から認知（自動思考）が浮かび上がるというものです。浮かび上がった認知がゆがんでいると、それが影響して問題を引き起こしてしまいます。

｜ ゆがんだ認知を修正する認知療法 ｜

　<u>**認知とは、ものごとをどう解釈したかであり、考え方、思考**</u>です。エリスの理論もベックの理論もどちらも<u>**ゆがんだ認知（不合理な認知）が不快な感情や好ましくない行動をうみ出す基となっている**</u>というものです。

　認知療法では、ゆがんだ認知の修正を促すことによって、不快な感情や好ましくない行動の変容を実現しようとします。

　認知行動療法とは、認知療法と行動療法のふたつをあわせたものです。数多くの研究によって、この手法を使ったカウンセリングやプログラムは、うつ病をはじめ不安障害、強迫性障害、ＰＴＳＤなど様々な精神疾患の治療や行動上の問題の改善に大きな効果があることが示されています。次ページから早速ワークを開始しましょう。

ワーク1

性格に悩んだ出来事を
思い出す

　ここからは、認知行動療法の「7つのコラム法」を基本にワークを行います。認知のゆがみを修正し、ネガティブなパターンから脱出することが目的です。

　ワークの最初は、**性格に悩んだ瞬間を思い出す**ことです。いくつもある場合は、今一番解決したいものをひとつ選んでください。
「なぜこんなふうに考えてしまうのだろう」「なぜこんな気持ちになるのだろう」「なぜこんな行動を取ってしまうのだろう」と悩んだときを思い出してください。そのときにどんな出来事がありましたか。出来事はなるべく最近のものが良いです。まず例をあげますので、それを参考にして、その次の空欄に記入してください。

いつ	どこで	出来事の内容
先週金曜日午後	職場、上司の席のところ	上司から報告書の間違いを叱られた。その間違いは私に責任がないことだったが、そのことを上司に伝えることができず、結果的に間違いは私の責任になってしまった。

いつ	どこで	出来事の内容

| 同じような場面はないか |

　次にその出来事が、単発で起きたことではなく、**今までの人生で繰**

り返されてきたことであることを確認しましょう。性格とは、思考・感情・行動のパターンなので、過去に何度も類似した状況に遭遇したときに同じ思考・感情・行動を体験しているはずです。

　それはすべてが同じような状況ではないかもしれません。しかし、どこか類似点があるはずです。上司との場面ではなく、友達に対して正当な言い訳ができなかった場面だったかもしれません。それらを思い出して、いくつか書き出してみましょう。今回と同様の思考・感情・行動のパターンが認められた過去の出来事です。

出来事	過去の類似した出来事
私に責任がないことだったが、そのことを上司に伝えることができず、結果的に間違いは私の責任になってしまった。	①私が友達との約束を破ったわけではないのに、私が悪いことになってしまった。 ②夫が手紙を出し忘れていたのに、義母は私が忘れていたと思っていた。 ③弟がしたことなのに私のせいになったことは子ども時代に数多くある。

出来事	過去の類似した出来事

　過去の類似した出来事をいくつか書き出せたならば、この思考・感情・行動のパターンを繰り返していることが明らかです。この出来事を題材に、次ページからのワークを進めていきましょう。

ワーク2　そのときどんな気分だったのか

　19ページで書き出した出来事を22ページの出来事の欄に、例を参考に書き出してみてください。次は、その出来事が起きたときの気分を書き出します。気分とは「感情」です。嫌な出来事に伴う感情は、不快な感情です。不快な感情には様々なものがあります。当てはまるものを下から選んでみましょう。

怒り・混乱・恐怖・自己卑下・劣等感・ゆううつ・無気力感・
ライバル意識・罪悪感・闘争心・イライラ・優越感・恨み・
不安感・不信感・心配・孤独感・無力感・かんしゃく・空虚感・
焦り・憤り・落胆・緊張感・悲しみ・嫌悪感・嫌・憐れみ・
疲労感・絶望感・（未練がましく）恋しい気持ち・不全感・義務感・
拒絶される感覚・同情心・使命感・敗北感・後悔・猜疑心・
羨望・責めたい気持ち・批判・見捨てられた気持ち・寂しさ・
甘えたい気持ち・敵視する感覚・自責感・依存感・その他

｜　そのとき感じたすべての感情を書く　｜

　選んだ感情を22ページの気分の欄（出来事の横）に書いてみましょう。感情はひとつでなくとも構いません。たとえば、子どもを大きな声で怒鳴ってしまったという出来事について、「イライラ、かんしゃく、罪悪感、自己嫌悪」とそのときに感じた感情を全部書きます。

　感情には強くわいたものもあれば、小さいものもあるでしょう。なるべく全部の感情を書きます。

｜ 入り組んだ感情を分類する方法 ｜

　感情を時系列で整理して書くのもいいでしょう。これはカウンセリングでクライアントさんに使う方法ですが、出来事の前後いつの感情なのかを明らかにするものです。次を参照してください。

①出来事の前からずっとあった気分
②出来事の直前の感情
③出来事の最中の感情
④出来事の後の感情

　自分が書いた感情を、この①〜④で分類すると整理しやすくなります。たとえば、先輩から指示された通りにやったはずの仕事について、上司から「違う」と叱責されたという出来事については、

①職場ではしょっちゅう感じている「不安」
②上司に呼ばれたとき「怖れ」
③叱責されているとき「恐怖」「混乱」
④その後、自分の正当性について主張できなかった「自己嫌悪」

となります。①も不快な感情かもしれませんが、①は出来事の前から感じているものなのでその出来事に直接関係していないかもしれません。そこで①を外して②③④の感情を気分の欄に書きます。

出来事	気分	重み
上司から叱られた。 自分がしたことではないのに"違う"と言えなかった。	怖れ　② 恐怖　③ 混乱　③ 自己嫌悪　④	

出来事	気分	重み

これで出来事とそのときの気分が整理できました。ひとつの出来事でいろいろな感情がわいています。

✎ ワーク3　その気分の程度を記録しよう

　書き出した感情に重みづけをしましょう。重みづけは、0から100までの数字で表します。もっとも強いレベルが100です。

　重みづけには意味があります。

　クライアントさんの中に、人の目が気になってしまう人がいました。人の目を気にしすぎて自分らしく振舞えないことにとてもストレスを感じていました。カウンセリングを続けるうち、人の目があまり気にならない瞬間を何度か体験できるようになりました。

▎大切なのは変化を正しく確認すること▕

　性格は、ある日突然ではなく、良い状態や良くない状態を繰り返しながら徐々に変わっていくことが多いものです。せっかく人の目が気にならない瞬間を体験しても、その翌日に人の目が気になってしまうと、「やっぱり私は全然変わっていない」と落胆してしまうのです。

　せっかく変化が起きているにもかかわらず、こう考えてしまうと、まったく変化がないような気分になり、変化の歩みを邪魔してしまいます。今の状態を正しく認識することがとても大切なのです。

出来事	気分	重み
上司から叱られた。	怖れ　②	90
	恐怖　③	100
自分がしたことではないのに "違う" と言えなかった。	混乱　③	70
	自己嫌悪　④	90

　人と話しているときの「不安」が、昨日は80、そして今日は60、これを変化として受け止めていくことが、自分をさらなる一歩へといざなってくれます。

そのときどんな「心の言葉」を
つぶやいているのか

ワーク4

　重みづけの次は、「心の言葉」を書き出します。心の言葉は頭の中でつぶやいた言葉、思ったこと、すなわちその状況において、不快な感情がわいたときの「思考」「考え方」です。心の言葉は「ダメ」「バカ」などの単語ではなく、「私は"ＮＯ"と言えない。ダメな人間だ」「私が何か言ったとしても、どうせ相手はわかってくれないに決まっている」「私はいつも損な役回りだ」など、文章で表現してください。その状況での不快な気分は、心の言葉が強く影響します。

出来事　➡　心の言葉　➡　気分

　心の言葉の代表的な例を下にあげています。

| 心の言葉を明らかにするふたつの方法 |

　不快感情がわいた状況で、「心の言葉はなかった」「心の言葉はポジティブなものだった」と勘違いする人もいますが、そんなことはありません。心の言葉がなかったら感情はわきません。心の言葉がポジティブだったら、感情もポジティブなものであるはずです。

　心の言葉は意識して考えたものではなく、自動的に頭にわきあがってつぶやいたものなのでつかみにくいかもしれません。心の言葉がわかりにくい場合、心の言葉を明らかにするために下記のどちらかをやってみましょう。

①その状況を再体験する

　今あたかもその状況が目の前で起きているかのように、その場面に身を置いてみます。出来事を再度体験しているようにそのときの感情も味わいましょう。

②なぜそんな感情がわいたのか理屈で考えてみる

　たとえば、友達へのＬＩＮＥが既読にならないときに不安を感じたとします。「なぜ既読にならないだけで不安になるのだろう？」と考えてみるのです。ここからそのとき自分が何を考えていたか、心の言葉がわかることがあります。

出来事	気分	重み	心の言葉
上司から叱られた。 自分がしたことではないのに"違う"と言えなかった。	怖れ	90	自分の意見を言っても、言い訳と思われるに違いない。
	恐怖	100	
	混乱	70	自己主張できない私はダメな人間だ。
	自己嫌悪	90	

心の言葉を重みの横に書きましょう。心の言葉はひとつではなくいくつかあっても構いません。その状況で、頭の中でつぶやいたことを全部書きましょう。

出来事	気分	重み	心の言葉

ワーク5

心の言葉は
どのようにゆがむのか

　自身の心の言葉のゆがみを理解するために、心の言葉がどのように
ゆがむのかを学びましょう。デビッド・D.バーンズは、「推論の誤
り」の10パターンを提唱しました。

｜ 「推論の誤り」の10パターン ｜

①全か無か思考（白黒思考）

　ものごとを100か0かで極端に考えてしまうこと。

例）思った通りの結果が出ないとやる意味がまったくない。

②一般化のしすぎ（過度の一般化）

　ひとつの結果や証拠で結論を下すこと。

例）一度振られたことで、どうせ私は振られると思う。

③心のフィルター（選択的抽象化）

　ものごとの良い部分は見ずに、悪い部分にだけ目が行ってしまうこ
と。

例）100問中3問も間違ってしまったからダメだ。

④マイナス化思考（ポジティブな側面の否認）

　良いことがあったのに悪いふうに考えてしまうこと。

例）こんなのできたうちには入らない。

⑤結論の飛躍（独断的推論）

　人の心を悪いほうに先読みすることや、ものごとが悪い結果になる

と思い込むこと。

例）試験に絶対落ちると思う。

⑥拡大解釈・過小評価（誇大視と極微視）

　ものごとを誇張したり矮小化すること。

例）自分の失敗や欠点、人の技能や才能は大きく評価し、自分の長所
　　や人の欠点は小さく評価してしまう。

⑦感情的決めつけ（感情的論法）

　自分の感情を根拠にものごとを結論づけること。

例）あの人はかわいそうな人だから悪い人ではない。

⑧「べき」思考（「すべき」表現）

「〜すべき」「〜しなければならない」といった考え方。

例）誰からも好かれなければならない。

⑨レッテル貼り

　あることを理由にその人の人間像を否定的にとらえること。

例）私は離婚したので母親失格だ。

⑩自己への関係づけ（自己関連づけまたは個人化）

　責任がないことを自分の責任にする。

例）渋滞に巻き込まれたのは運転していた私のせいだ。

｜　ゆがみに気づくヒント　｜

　推論の誤りは心の言葉がゆがんでしまうのに影響を与えるものです。ゆがみが気分を不快なものにしています。推論の誤りを理解することは、心の言葉がゆがんでいることに気づく助けになります。ひとつの

心の言葉に複数の推論の誤りが確認されることがあります。

　自身の心の言葉にはどの推論の誤りがあったでしょうか？　以下に書きましょう。

心の言葉	推論の誤り
私はどうせ信じてもらえないに決まっている。	結論の飛躍
私は同僚と比べて何も良いところがない。	拡大解釈・過小評価

心の言葉	推論の誤り

ワーク6　その心の言葉は事実だろうか

　ゆがんだ心の言葉は、不快な感情や行動とセットになります。心の言葉が建設的だと、感情や行動も建設的です。心の言葉のゆがみを理解し、それを建設的かつ適応的なものに修正するために、心の言葉に関する事実を考えてみましょう。

｜　本当なのか、そう見えただけなのか　｜

　たとえば、「私はどうせ信じてもらえないに決まっている」という心の言葉は事実でしょうか？　いいえ事実ではありません。「信じるか信じないかは相手が決めることなので、信じてもらえるかどうかはわからない」といえばかなり事実に近づきます。

　また「私は同僚と比べて何も良いところがない」も事実ではありません。

「相手が嫌な顔をするから……」といった場合もそうです。事実思考で表現するならば「私は相手が嫌な顔をしたように見えた（私がそう見えたのであって、相手が本当に嫌な顔をしたかどうかはわからない）」となるでしょう。

　またそもそも嫌な顔とは、客観的にどういうものでしょう。"笑顔じゃない""眉が動いた"ということでしょうか。客観的に嫌な顔ってあるのでしょうか。変なことを述べているようですが、ゆがみを修正するためには、事実を考えることに意味があるのです。

｜　検証のポイント　｜

　事実かどうかを考える際のポイントは、

・**客観的に考える**

ことです。

　出来事とそのときの心の言葉を、第三者に起きている他人事のように距離を取ってみてください。自分のことではなく他人事のように距離を取ると、事実が見えやすくなります。

　また、

・事実と自分が思ったことは別

　なので、区別します。

「相手が無視する」は、「相手が無視したと私が思った」のであって、「無視したかどうかはわからない」が事実です。もしかすると考えごとをしていて聞こえなかったかもしれないし、相手は返事しようと思いながらもまだ言葉にしてないのかもしれません。

｜　どこが事実でどこが事実でないのか　｜

　心の言葉には事実も含まれているかもしれません。

　たとえば、「今日は自分で料理せずにスーパーで総菜を買ってすませてしまったから、全然料理しない私は主婦失格だ」という心の言葉を考えてみます。

「今日は料理をしなかった」「総菜を買ってすませた」というのは事実です。しかし「全然料理しない」は事実ではないかもしれません。今までに料理をしたことが一度でもあれば、「全然料理をしない」は事実ではなくなります。また「料理をしないのは主婦失格」は事実ではありません。

　このように**事実と事実ではないところを分けて考えてみるといい**でしょう。

心の言葉	事実
自分の意見を言っても、言い訳と思われるに違いない。	事実ではない。自分の意見を言うことと、言い訳することとは違うもの。
自己主張できない私はダメな人間だ。	事実ではない。自己主張しないことと、ダメな人間ということは違うこと。

心の言葉	事実

✏ ワーク7 　心の言葉に反証してみよう

　事実を書いたことで、心の言葉を修正する準備が整いつつあります。次は心の言葉に反証しましょう。

| 根拠と反証 |

　反証とは、心の言葉が間違っていると証明することです。そのためにまず、心の言葉を支える根拠を出していきます。なぜ心の言葉を支持できるのかを示す根拠です。

　根拠は、心の言葉の証拠を出すようなもので、実際にあった出来事をベースに書いていくといいでしょう。すなわちどういう体験が心の言葉が正しいと判断する根拠となっているかを書きます。

　根拠を書き出すと、どのような体験が心の言葉を強化し、自分を不快にしてきたのかがわかります。

| ゆがんだ考え方ではないのか |

　それができたら、いよいよ心の言葉に反証しましょう。反証は複数出しましょう。そして注意点は、反証は事実に基づいていることが前提です。

　次ページの例で見てみましょう。反証が多くあがっていてそれはたいへん結構です。ただ、「私のことをダメな人間と思う人のほうがダメ人間だ」というのは、ゆがんだ考え方であり、事実とは大きくかけ離れてしまいます。したがってこれは適切ではありません。

　根拠と反証が書きあがると、それをよく読み返してみましょう。何度か根拠と反証を見比べていると、心の言葉の修正につながります。

心の言葉：自分の意見を言っても、言い訳と思われるに違いない。

根拠	反証
前に部長に意見を言ったら「言い訳するな」と言われた。 同僚も同じような状況で反論せずに引き下がった。	自分の意見を言うことは悪くない。 言い訳と思うか思わないかは相手の問題。 言い訳と思われても死ぬわけじゃない。 意見を言って言い訳と思われなかったことも何度もある。

心の言葉：自己主張できない私はダメな人間だ。

根拠	反証
先輩が自己主張しないとダメだと言っていた。 自己主張することは仕事をするうえでの基本だと研修で教わった。 自己主張して友達が離れていったことがある。	私も本当に嫌なときは嫌だと自己主張している。 自己主張したから嫌われるとは限らない。 友達が離れたときは、自己主張したことが原因ではなく、感情的に表現したことが原因だ。 私のとこをダメな人間と思う人のほうがダメ人間だ。

心の言葉：

根拠	反証

✏ ワーク8 「リフレーミング」を活用する

心の言葉を適応的なものに修正していくためのヒントとしてリフレーミングを活用する方法があります。**リフレーミングとは、今までとは違った角度からものごとを見たり、視点や解釈を変えてみること**です。たとえば、「私は自己主張できない」という表現をリフレーミングすると、「私は協調性がある」といえるかもしれません。

｜ 短所は長所に —— 見方を変えてみる ｜

同じものごとでも、ある角度から見ると短所になりますが、別の角度から見ると長所になることがあります。たとえば、「落ち着きがない」をリフレーミングすると「反応が早い」とも考えることができます。落ち着きがないと言ってしまえば短所にしか見えませんが、反応が早いと良い部分も見えてきます。

長所と短所は、どちらもコインの裏表のように存在しているのかもしれません。「私は優柔不断で自分の意見を言うことができない」ではなく「私は相手の意見を尊重する」と思ってみるのです。「あと5分しかない」ととらえるのか。「まだ5分ある」と考えることで、そのあとの結果、すなわち感情や行動が大きく違います。良いところに言葉を使うことを意識すると、それだけで心の言葉を修正することに役立ってくれます。

焦点を変えるリフレーミングをいくつか実践してみましょう。

あきっぽい　　　　　　　→　①
いいかげん　　　　　　　→　②
気持ちの浮き沈みが激しい →　③

臆病者	→	④
落ち込む	→	⑤
空気が読めない	→	⑥
こだわりすぎる	→	⑦
ＮＯと言えない	→	⑧
消極的	→	⑨
人にいい顔をする	→	⑩

解答例：

①好奇心が旺盛　　　②小さなことにこだわらない

③繊細　　　　　　　④慎重さがある

⑤深く思慮する　　　⑥自分のペースをくずさない

⑦やり通そうとする　⑧相手を尊重する

⑨一歩一歩進む　　　⑩協調性がある

｜ 心の言葉を修正するステップ ｜

いかがでしょうか。<u>リフレーミングすると同じことでも見え方が違ってきます</u>。それが適応的な心の言葉へと修正するヒントになります。

リフレーミングをうまくやるには、

●短所の中に長所を見つけようと意識すること

●今の状況の恵まれているところに目を向ける

●今の状況以上に最悪な状況と比較してみる

などを試してみるといいでしょう。

さあ、心の言葉を修正しよう

ワーク9

いよいよ心の言葉を修正しましょう。心の言葉を適応的に修正することで好ましい感情や行動につながるようにします。好ましい結果につながる心の言葉を「<u>**適応的な認知**</u>」といいます。

適応的な認知は、出来事に対して不快な感情を減らすほうに働いてくれるばかりでなく、好ましい行動にもつながります。

｜ 無理がない言葉を作ろう ｜

適応的な新しい心の言葉を考えて書いてみましょう。

そう思うには無理がある表現や極端な表現は避けましょう。たとえば、「自分の意見を言っても、言い訳と思われるに違いない」という心の言葉を「自分の意見を言うことはいいことだ」に修正するのは難しいかもしれませんが、「自分の意見を言ったからといって、言い訳と誤解されるとは限らない。むしろ好意的に受け取る人もいる」だったら無理がないかもしれません。

修正にはバランスが大切です。バランスのいい考えを目指します。自分が「これだったら何とか納得できる」程度の表現にしてください。「自己主張できない私はダメな人間だ」も同じです。いきなり「自己主張することはいいことだ」ではハードルが高すぎます。「自己主張したほうがいいときとしないでいいときを自分で選ぶ。自己主張したほうがいいときには相手の気持ちを考えながら自己主張する」だったら大丈夫かもしれません。

このように、新しい心の言葉は自分でも納得できる程度を考えたうえで決めていきます。

新しい心の言葉を書き出したら、最初の出来事の場面をイメージします。その場面に身を置いたつもりで、新しい心の言葉を数回言葉にしましょう。自分の心に落とし込むようにかみしめながら言葉にしてみます。そして最初に感じた感情の重みがどれくらいに変化したか、「重み」の欄に数値を書き入れましょう。数値が下がっていれば成功です。

新たな心の言葉	気分	重み
自分の意見を言ったからといって、言い訳と誤解されるとは限らない。むしろ好意的に受け取る人もいる。	不安 くやしさ 自己嫌悪	40 10 10
自己主張したほうがいいときとしないでいいときを自分で選ぶ。自己主張したほうがいいときには相手の気持ちを考えながら自己主張する。	落ち込み 罪悪感 不安	20 40 20

新たな心の言葉	気分	重み

　ここまできたら、あとは日常生活の中で、それを意識して繰り返していきましょう。そしてあまり間を置かずに次章に進んでください。次章では心の言葉のさらに深いところを修正していきます。

∫TEP

3

交流分析で 「信条」を解き明かす

交流分析とは

交流分析は、そのわかりやすさから世界中にある心理療法の中でもっとも使われているもののひとつです。米国の精神科医E.バーンによって1950年代に提唱されました。

難解な用語を用いず、クライアントがカウンセラーと共通の言語で会話ができるよう、理論をやさしい言葉で説明してあります。

バーンは10歳の子どもでも理解できるよう説明したといいます。したがって、交流分析を使えば、誰でも自己分析を進めることができるようになっています。

3つの心の状態

交流分析では、本書で説明する性格を、**親のような心の状態、子どものような心の状態、大人のような心の状態という3つの心の状態**で説明しています。

誰でも3つの心の状態を持っている

親

子

大人

たとえば、人に厳しくしているときや、優しくしているときは親のような心の状態、自由に振舞っているときや相手に迎合して振舞っているときは子どものような心の状態、冷静で客観的でいるときは大人の心の状態と考えます。どの状態をどの程度表現するのか人によって違いがあるわけです。

　人の性格は、幼少期からの親や兄弟姉妹、友人、学校などの環境との関わりから形成されていると考えています。そして、現在の性格がどのようにしてできたのか、現在そのように考え、感じ、行動するパターンはどうやって身についたのかについて説明しています。

｜　なぜ交流分析がいいのか　｜

　前章（Step2）で説明した認知行動療法は、性格上の悩みを表していると考えられる現在の問題を明らかにし、認知面に焦点を当て修正し、より適応的で心地いい結果を導こうとするものでした。

　この章では交流分析の理論を使って、**現在の性格がどのようにしてできあがっているのか**という部分に焦点を当て、その根底となる幼少期の認知を明らかにし、それを修正していきたいと思います。

　実は、認知行動療法にも、現在のゆがんだ考えをうみ出す根底となる認知を明らかにし、それを修正するという技法があります。ゆがんだ考えをうみ出す基となる価値観や信念を「スキーマ」といいます。スキーマを明らかにし、それを修正する技法も有効なものです。

　しかし筆者は、カウンセリングにおいてスキーマに焦点を当てるのではなく、交流分析の理論を使い幼少期の認知を修正する支援を行います。

　交流分析は、クライアントの深い理解を得やすいと思うためです。交流分析では、スキーマに近い概念として「**禁止令決断**」「**信条（ビリーフ）**」というものがあり、その信条を修正することを「**再決断する**」といいます。

｜ 再決断で信条を修正する ｜

<u>「禁止令（禁止メッセージ）」は、生まれてから今までに親や先生など子どもにとって影響ある人から子どもに与えられるメッセージ</u>です。

　そのメッセージを受けて、信条を決断し（禁止令決断）、それが現在の考え方のベースになっているのです。

　たとえば、親が子どもを大事に扱わなかったら、それが非言語の「重要であるな」という禁止メッセージとして親から子どもに与えられ、子どもは「私は重要な存在であってはならない」という信条として決断するというものです。その結果、大人になったのちも、「私は重要な存在ではない」という信条がいつも思考の根底にあり、何かにつけて「相手がこんな態度を取るのは、私に大した価値がないから」というゆがんだ心の言葉となって表れてしまうのです。

<u>「再決断」とはすなわち、心の言葉をうみ出す源泉ともいえる信条を修正するもの</u>です。言い方を変えると、現在の心の言葉の原型となるものは、幼少期から信条として持っているので、幼少期に取り入れた信条を明らかにして修正しようとするものです。

　本章からは、交流分析の理論を使い、認知行動療法とは違った理論と手法から、性格を形作る心の言葉を好ましいほうへ修正したいと思います。

人は自分の「人生脚本」を持っている

　人はある状況において、どのように考え、どのように感じ、どのように行動するかに関するパターンを持っていると前に述べました。その集まりが性格を表しているわけです。

　パターンの多くを、乳幼児期から青年期までに身につけてしまいます。そして、成人期や老年期になっても、青年期までに身につけた思考・感情・行動のパターンを繰り返しています。すなわち小さいころに作られた性格は、大人になって大きく変わらないということです。

　確かに同窓会で学生時代の友人に何十年ぶりに会っても、話の仕方や笑うタイミング、友人への関わり方など昔と変わらないと思う同級生が多いものです。昔と変わらずよくしゃべる人、他者に気を遣う人、リーダーシップを取る人など、これは思考・感情・行動のパターンが学生時代と変わっていないと説明できます。

　顔や髪型や服が昔のイメージとまったく違う人はいても、中身はあまり変わりません。昔はあまりしゃべらなかったのによくしゃべるようになっているなど中身が変わったように見える人もいます。

　今までの人生で遭遇したライフイベントの影響を受けて多少変わったように見える人はいても、その多くは表面的な変化です。もっと性格の根本の部分は変わることは少ないでしょう。そして今後もその人はあまり変わることなく生きていくのです。

｜ 無意識の人生計画 ｜

　交流分析に「人生脚本」という概念があります。人生脚本は無意識の人生計画であり、人生の重要な局面で、どう決定し、どう行動するのかに影響を与えるものです。

それによると、**人はすでに決定されたシナリオを演じ続けるように生きている**のです。

人生脚本のもっとも影響が大きな部分はいくつもの信条（ビリーフ）によって構成されていると考えられています。信条によって構成されているとは、いくつもの信念や価値観が集まって形作られているものと考えるとわかりやすいでしょう。

その信条は古くは乳児期から作られたものです。作られるというのは、信条を自分の考えとして採用するようなもので、これを「決断する」といいます。その後幼児期、児童期、青年期までに多くの信条を決断していき、自身の人生脚本を決定していくのです。

｜「勝者の脚本」と「敗者の脚本」｜

人生脚本は、その人が人生で大きな出来事に遭遇したり、ストレス状態のときに、どう進むかということに大きな影響を与えていきます。ほとんどの場合は、自分の人生脚本に沿って進む方向を決めてしまいます。

その人の人生脚本が、人生を良い方向に進ませるものであれば問題ないのですが、そうでない場合には問題が生じてしまいます。

人生を良い方向に進ませる人生脚本を「勝者の脚本」といい、全体の１％くらいの人しかその脚本を持っていないと考えられています。残りの99％の人は、常に悪い方向へ進んでいく「敗者の脚本」か、あるときは良い方向に行くものの、良くない方向にも行ってしまう「勝てない脚本」を作りあげているといわれています。

｜ 信条が変われば人生が変わる ｜

自分の人生脚本に沿った決定をして、その方向に進んでいるとき、その人は自身の脚本を強化していることになります。

それはたとえば、人間関係においてちょっと嫌なことがあったら、

自分から距離を取り離れていくというパターンを持っている人が、そのパターンの体験を一度重ねるたびに、その人はそのパターンをより強化し、その後同じような状況に直面したときに、そのパターンをより繰り返しやすくなるのです。

　この章のワークは、人生脚本を変えるためのもの、すなわちずっと昔からの繰り返しのパターンを支える信条を修正するためのものです。信条は、性格の根幹を支えるものともいえるのです。これを変えることは、性格を変えることはもちろん、人生そのものを変えることにもなるのです。

　性格の根幹について理解するために、人生脚本がどのように形成されていくのか、その形成過程を説明します。

　人生脚本は、その人が幼少期に周囲（主に養育者）からどのような関わりを受けたかに大きく影響を受けます。言葉や態度が心地よいものだったか否か、批判的で厳しいものだったか、養育的で優しいものだったかなどが影響します。

　自分は愛されていると確信を持つには十分な養育的関わりを親から受けた乳幼児は、自分の存在を価値あるものであるという信条を基に脚本を形成していくことになります。愛情を与えてくれる親を、そして愛情を与えてもらえる自分を信頼します。

｜ 幼少期の信条が成人後をこう左右する ｜

　子どもが言葉を理解するようになると、脚本はより具体的なものになっていきます。たとえば、親のネガティブな養育態度から「存在するな」の禁止令を受け取り、「私は存在してはならない」という信条を形成した子どもが、言葉を解するようになって後に親から「しっかりがんばって人の役に立て」というメッセージを与えられたとします。

　それを取り入れた子どもは、最初の信条である「私は存在してはな

らない」と後の「人の役に立て」というメッセージを組み合わせてひとつのものを作りあげます（複合決断）。たとえば、しっかりがんばって人の役に立てているときは「存在してはならない」の信条を忘れていられるが、人の役に立てていないときには「私は存在してはならない」状態に陥るのです。

　信条と後のメッセージは、その人の生き方そのものに大きな影響を与えます。もし、幼少期に「私は存在してはならない」と決断していたらどうなるでしょう。成人後も大きなストレスに遭遇したときに、「自分なんて居なくたっていいのだ」「自分なんてみんなの邪魔なだけなのだ」といった自己否定的な心の言葉をうみ出す基になります。

　そして、これら否定的な心の言葉を心でささやいているとき、「やっぱり自分は存在してはならない」と否定的な信条を強化しているのです。否定的な心の言葉を繰り返すにしたがって、否定的な信条はより強くなっていくのです。

｜　否定的な信条を修正するワーク　｜

　否定的な心の言葉を繰り返さないように修正するワークを前章で行ってきました。でももし、ワークをきちんとやったにもかかわらず、
● どうしても修正できない心の言葉がある
● 修正しようとするとよけいにつらくなっていく
　などの場合には、本章から次章にかけて紹介する否定的な信条を修正するワークを試してみるほうがいいかもしれません。

絶望的なポジションと反抗的なポジション

　前に説明した通り「信条」は「禁止令決断」ともいいます。信条の多くは幼少期に決断したものです。親が非言語的に子どもに与えた「禁止令」を、子どもが決断して信条となります。

　たとえば、親が子どもに対して「仕事で疲れているのだから寄って来ないで」という態度を頻繁に子どもに表していることで（「近づくな」）、子どもは自分が好かれていないと思い込み、「私は親密であってはならない」「私は近づいてはならない」と決断します。

　このケースでは、親が示した「仕事で疲れているのだから寄って来ないで」という無言の圧が「禁止令」であり、子どもが取り入れた「私は親密であってはならない」「私は人に近づいてはならない」が、「禁止令決断」であり「信条」です。

懸命にがんばり続ける心の底

　人生脚本はいくつもの信条で構成されていますので、決断した信条によって人生脚本を形作り、そしてそれが人生を決定しています。

　信条にはポジティブなものもあります。「私は重要な人間だ」などというものです。否定的な信条は「私は重要な存在であってはならない」とネガティブで禁止命令的表現になります。否定的な信条が浮かび上がっている状態はとてもつらい精神状態です。この状態は、「**絶**

望的ポジション」です。（原語は「絶対的決断」）

　しかし人はこの状態に長くとどまりたくありません。そこでそこから抜け出そうともがくかのように、意識することなく否定的な信条が浮かび上がってこないように行動します。これが「**反抗的ポジション**」（原語は「反抗的決断」）です。これは「私は重要な存在であってはならない」という否定的な信条を決断した人が、その信条が浮かび上がってこないように、自分が重要な存在かを自分に証明するような行動を取るのです。がんばって人からも重要と認められる努力をしたり、いかに自分が重要な人間かを吹聴したりという行動などがそうです。

　このような反抗的ポジションで行動しているとき、人は一見元気でパワフルで健康的に見えます。しかし心の深淵には「私は重要な存在であってはならない」という否定的な信条が口を開けており、そこに落ちていかないように懸命にがんばり続けている状態なのです。しかしそれに疲弊し、がんばれなくなってしまったときには絶望的ポジションに移行し、否定的な信条が浮かび上がってきてしまいます。ふたつのポジションはコインの裏表のように、存在しているのです。

｜　他人にはわからない否定的な信条へのとらわれ　｜

　また、否定的な信条にも影響の大きさの程度があります。「私は重要な存在であってはならない」は、どのくらい強烈にそう決断したかという程度があるのです。程度が強いほど現在の思考・感情・行動に与える否定的影響は大きく、反抗的なポジションの行動も、より強烈なものになります。

　普段私たちは、他の人の反抗的なポジションからの行動を見ていることが多いものです。絶望的ポジションは表面に出さない場合も多く、元気そうに見えて、実はずっと職場の人間関係で悩んでいて仕事を辞めたいと思っていたと知り驚くなどは、絶望的ポジションに気づかなかったことを意味します。

信条の5つのカテゴリー

　心の言葉をうみ出す基となる信条は、人生に大きな影響を与えるものです。米国の心理学者J.マクニールは、これらの信条を5つのカテゴリーに分類し、カテゴリーごとに代表的な信条をいくつかまとめました（一部表現を変えています）。

｜ 心の言葉をうみ出す基 ｜

　最初のカテゴリーは、**生存に関する信条**です。

　このカテゴリーの信条は、自身の生命を危機にさらすような否定的な生き方につながります。すなわち健康を害するような働き方や、自傷行為、危険を顧みない行為などとして表れます。自分が居る意味がないかのような心の言葉をうみ出す基です。過去に一度でも死にたい、消えてしまいたいと思ったことがある場合は、このカテゴリーの信条の影響を受けている可能性があります。

　ふたつ目のカテゴリーは、**人間関係に関する信条**です。

　このカテゴリーの信条は、パートナー、家族、友人など他者と親密な関係が築きにくいという特徴を持っています。1対1での親密な関係の構築はもちろん、集団内での所属感に問題が生じることもあります。また親密な関係を築いているように見えても、頻繁に相手に気を遣う関係や他者にいつも遠慮してしまう関係、相手に迎合する関係を作ってしまうという問題も、このカテゴリーの信条の影響があります。自分は好かれない、愛されない、他者は信頼できないといった心の言葉は、このカテゴリーの信条からうみ出されます。

3つ目のカテゴリーは**自己に関する信条**です。

　このカテゴリーの信条は、自分らしく生きることと関係しています。自分らしく振舞えなかったり、外向きの自分しか見せずに本当の自分を隠して振舞ったり、自分にユニークな個性があり、ありのままで良いと思えなくなっています。もしかすると、ありのままの自分すらわからなくなっているのかもしれません。ありのままでいることを否定したり、自身の特性を個性ではなく良くない部分と認識する心の言葉の基になっています。

　4つ目のカテゴリーは、**能力に関する信条**です。

　このカテゴリーの信条は、自分の能力を発揮することができないことと関係しています。成功したり、課題を達成したり、自立した大人として考え行動したり、他者と大人として対等に渡り合うことなどに困難さを生じてしまいます。自分がうまくやれない、成功できないといった心の言葉をうみ出します。

　最後のカテゴリーは、**安全に関する信条**です。

　このカテゴリーの信条は、世の中を安全と思えないことと関係しています。どこか不安を抱えているために、力を抜いてリラックスし、自身の感情を体験して、人生を楽しむことに困難さを抱えてしまいます。世の中が危険であったり、人生が楽しくないといった心の言葉をうみ出します。

　いかがでしょうか。これらのカテゴリーで、何となく自分に当てはまりそうだと感じたものはありましたでしょうか。

　次ページ以降、それぞれのカテゴリーごとに、詳しく信条をチェックしていきたいと思います。

自分の存在価値を疑う
①生存に関する信条

　生存に関する信条は、自身の生きる価値、すなわち存在価値に関わっています。自身の生きる意味や存在価値を認めることができない人は、自分のことを「私は存在してはならない」と決断しています。生まれてくるべきではなかったということです。

　生きる価値がないと思うのはとてもつらいことです。その信条が浮かび上がってしまうとただ生きていることさえつらくなってしまいます。自ら死にたいとは思わないまでも、生きていたくないと思うかもしれません。あまりにもつらいときには、「死にたい」「消えたい」とすら思うかもしれません。また車を猛スピードで運転するなど危険な行動をするかもしれません。

｜　生きている証を残したい　｜

　反抗的なポジションにいるとき、彼らは自分の生きざまを見せつけるように行動します。それは自分が生きている証を残したいかのように見えるでしょう。

　普段からとてもパワフルに仕事をしている人が、「明日、目が覚めなくてもいい」と寝るときに考えて、そして朝、目が覚めたときに、「ああ、今日も生きていた。仕方ないから今日も思いっきり明るく生きよう」と思うそうです。これは反抗的なポジションを表しています。

　生きる価値がないという信条を決断した人たちにとって、生きることは大きな荷物を持って歩き続けるようにつらく大変なことなのかもしれません。彼らの多くは、幼少期に、親の態度から「私は生まれてこないほうが良かったのではないか」という疑いを持ちました。親から「あなたさえ生まれてこなければ、私の人生はもっと良いものだっ

たのに」という言葉を聞いた人もいました。また愛する人との幼少期の死別体験から、「生きていたってどうせいいことなんてない」と決断するというケースもあります。

私は病気になったほうが愛される

またこのカテゴリーの信条を決断した人の中には、自らの健康を害するような行動を取る人もいます。身体を壊すような働き方をするというのはよく見る行動特徴です。彼らは潜在意識で、病気になりたいと願っているのではないかとさえ思えます。彼らの多くは、「私は、病気になったほうが愛される」「健康だと十分に愛されない」と思っています。もしかしたら子どものときに、病気のときだけ親から関心を示してもらったのかもしれません。そして、大人になった今でも、「こんな状態になっても、私に関心を示してくれるのか」と幼少時の親を試すかのような行動を続けているのかもしれません。

その他、「<u>私は正気であってはならない</u>」という信条があります。親子の関わりにおいて、親の愛情不足から正気を保てずおかしくなりそうなほどの耐え難い悲しみを経験した人によくみられます。彼らは耐え難い悲しみを恨みで覆い隠して生きています。恨みを手放すと、悲しみが襲ってきてしまうので、恨みを手放せないのです。いつしか、もしこの恨みを手放すと、自分は耐えられずにおかしくなってしまうのではないかと思うようになり、「いつか正気を失うのではないか」「自分は正気な自分としては存在できない」と怖れるようになります。

このカテゴリーにみられる代表的な信条

- 私は存在してはならない
- 私は居てはならない
- 私は健康であってはならない
- 私は正気であってはならない

人と親密な関係を築けない
②人間関係に関する信条

　人間関係に関する否定的な信条は、人と親密な関係を築けないという行動として表れます。

　その代表的なものは、「私は人と（心理的に）近づいてはならない」であり、他者との親密さに関して問題を抱えます。彼らは、他者と心理的に近づかないように見えない壁を作っています。

｜　相手が誰でも愛せないわけ　｜

　反抗的なポジションにいるときには表面的には他者ととても仲よさそうに交流しています。しかし表面的にそう行動していても心理的に近づきすぎないように他者との間に見えない壁を作っています。壁を築く一方で、真に親密になれる人がどこかにいて、いつか出会えることを願っています。もしかしたら反抗的なポジションから、真に親密になれる人を実際に探しているかもしれません。

　ある男性は、「この世のどこかに、本当に愛せる人がいるのではないか」と思っていました。彼には奥さんと子どもがいるにもかかわらずそう思っていたのです。

　残念ながら、一生探し続けても決して見つかることはないでしょう。なぜならば、本当に愛せないというのは否定的な信条からの本人の問題で相手の問題ではありません。相手が誰でも愛せないのです。

　自分の問題を解決する（すなわち信条を修正する）ことなしに、その解決を外に探し求めたとしても、それは結局かなうことがないのです。真に愛せる相手を見つける唯一の方法は、自分が心の見えない壁を取り払って、人を愛せるようになることしかないのです。

　この信条は、幼少期に自分の親に心理的に近づけなかったことから

決断することが多いようです。子どもは誰しも親に近づき親密になりたいと願います。しかし、親に近づいてはいけないと思ってしまったのです。それはたとえば、親から「忙しいんだからあっちに行ってて」と遠ざけられていた体験から決断したかもしれないし、近づくことが親にとって迷惑をかけることと思ったかもしれません。

｜ 居場所がない ｜

このカテゴリーの他の信条として、「**私は所属してはならない**」があります。これは集団の中で、所属感を持てない、居場所を感じることができないといったものです。

この信条を決断した人は、集団の中で居心地の悪さを感じてしまいます。または、集団の中にいても孤独感を持ってしまったり、しばしば集団の中で孤立してしまうかもしれません。

集団の中で自分がどのように感じるか、それは幼少期の家族の中で持っていた感覚に近いという人が多くいます。

次ページの図1は学校で居場所がないと訴えていた子どもが書いたものです。家の中の家族位置関係イメージを思うままに描いてもらいました。図中の矢印は向いている方向を表します。

この子は、「家の中で感じる感覚と、学校で感じる居場所のなさが同じ」と私に訴えました。家族の協力を得て改善に取り組み、3か月後に書いたものが図2です。これを描いたころには、この子にとって学校は居心地が良いところになっていました。

この信条は、いじめや仲間外れを受けることによって決断することも珍しくありません。被害にあう者にとって、いじめはとても怖いものであり、心にトラウマと同等の傷を残すこともあります。そんな怖い集団だったら「私は集団に入らないほうがいい」と決断することはおかしいことではありません。

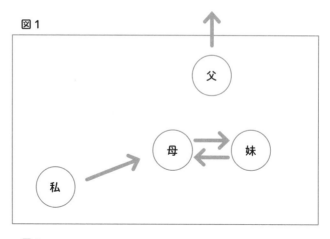

図1

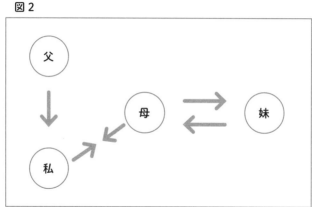

図2

｜ 子どもらしく振舞うことを禁止された子どもたち ｜

「**私は子どもらしくあってはならない**」の信条は、小さいころから子どもらしく振舞うことを制限してしまったものです。

　子どもらしく振舞うとは、自由に振舞うことやわがままを言うこと、甘えることなどです。彼らは、子ども時代から子どもらしく振舞うことを禁止されていると思い込んでいました。そして親に遠慮し気を遣い、または親の期待に応えるため親の意図を探ってきたのです。

　大人になってからも、人に過剰に気を遣ってしまい、自由に振舞う

ことを自ら制限してしまいます。また他者に甘えることもとても苦手です。人目を気にしすぎて疲れてしまう人も多いようにも思えます。

　この信条は日本人に多くみられるように思います。日本の文化がこの信条に関係しているかもしれません。確かに日本では、親の期待に沿うよう子どもらしさを抑え無理する子や小さな紳士淑女を演じる子どもたちを「イイ子だ」と肯定的に評価するのは珍しくないようです。

｜ 日本人特有の信条 ｜

「**私は欲しがってはならない**」の信条は、自分の欲求を表さないというもので、先の信条以上に日本人特有です。J.マクニールはこの信条を、日本人向け信条リストに入れています。

　この信条を決断した人は、欲求を表現することが難しいだけでなく、「何をしたいか」「何が欲しいか」といった自分の欲求がわからなくなっている場合が多いです。

　彼らは我慢強く、自分の欲求よりも他者の欲求を優先します。そして欲しいものを手に入れることに罪悪感すら覚えます。

　幼少期に、家族から愛されるために自分が欲求を我慢することを選んだのです。お兄ちゃんだから、お姉ちゃんだから、欲求を我慢し他者に譲ることを期待されました。欲しいものを求めることは、期待を裏切り、家族を落胆させることであり、愛情を失う怖れすらあったのです。だからこそ、自分の欲求を表現しようとすると怖くなってしまうこともあるのです。

｜ もう傷つきたくないからの決断 ｜

「**私は信頼してはならない**」は、幼少期に親から信頼を裏切られた人が決断する信条です。

　約束を破られた、期待したことをやってもらえなかったというケースもありますが、子どもにとって一番ショックなのは愛情を裏切られ

ることです。

　そこで彼らは自分が傷つかないために「私はもう信じてはならない」と決断しました。そうすればもう傷つかずにすみます。

　決断は自分を傷つきから守るためでもあったのです。大人になり、誰かを信頼しようとすると「また傷つけられてしまうのではないか」と強い不安を覚えてしまいます。

　誰も信頼しないようにしたほうが安全なのです。彼らの多くは、いつも他者の意図に疑心暗鬼で、自分が傷つきやすい人だと信じています。そして過剰に周囲をコントロールしようとしてしまうのです。また、他者の言動から過敏に悪意や攻撃を感じ取ってしまいやすい場合も多いように思えます。

｜　このカテゴリーにみられる代表的な信条　｜

●私は人と（心理的に）近づいてはならない
●私は所属してはならない
●私は子どもらしくあってはならない
●私は欲しがってはならない
●私は信頼してはならない

自分らしく生きることを否定する
③自己に関する信条

　このカテゴリーの信条はアイデンティティに関する信条で、自分らしく生きることを否定するものです。

「<u>私は自分らしくあってはならない</u>」は、自分が本来持っている資質や能力の一部分を否定するものです。ある３人姉妹の末っ子の女性クライアントは、男の子が生まれることを期待していた家に生まれました。父親は彼女が生まれたときにとてもがっかりしました。彼女の幼少期、男の子のように活発だった彼女に父親は、「お前はその辺の男よりよっぽど男らしい」と頻繁に言っていたようです。

　大人になり結婚した彼女は、泣いたり焼きもちを焼いたりと自分が女らしい振舞いをするたびに強い自己嫌悪に襲われました。

　この例は、彼女が自身の女性性を否定しているケースです。このように、この信条は、自分が本来持っている知能、運動神経、身長、容姿などを否定するものです。その結果、自己否定感、自己嫌悪、不合理な競争心などをうみ出してしまいます。

　その不安や怖れ、罪悪感はどこからきたのか　

「<u>私は自分を見せてはならない</u>」は、本当の自分を見せないように行動する信条です。

　いつも見せているのは外向けの自分であり、つくろった自分です。それはまるで見えない鎧か着ぐるみを身につけているようなものです。本当の自分を見られてしまうことは危険なことであり、恥ずかしいことなのです。子どものころから偽りの外向けの自分を演じてきたために、本当の自分がわからない、外向けの自分を演じていることすら意識していないなどのケースもあります。

「**私は離れてはならない**」は、依存対象の人から離れることに困難さを感じる信条です。

　この信条を決断した人の多くは、幼少期より、自分の親から「離れることはとても危険なことだ」と教えられてきました。もしくは親から「私を見捨てて遠くへ行かないでくれ」と懇願されてきました。その結果、大人になっても、依存対象の人から離れることに強烈な不安や罪悪感を持ってしまうのです。彼らの多くは自他の境界線がはっきりしておらず、自分が何者なのかがわからなくなってしまっています。

｜　心配し続けて行動できない心理　｜

「**私は行動してはならない**」は、自分がしたいようにすることに強い不安を覚えてしまうものです。

　この信条を決断した人たちは、子どものころより心配性の親から、何かの行動を起こそうとするたびに脅されてきました。「失敗してもいいからやってごらん」の代わりに「もっとよく考えたほうがいい」「失敗したら取り返しがつかない」「うまくいくはずはない」と言われてきました。その結果、何か行動を起こすときに、心配や不安を感じるようになりました。

　うまくやるために考えるのではなく「失敗したらどうしよう」と心配し続けるのです。考えることは結論が出ますが、心配はいくらしても葛藤が続くだけになります。彼らが元々持っていたはずの、新しいことをやることへの好奇心は感じにくくなり、心配や不安に置き換えられていきました。そして常に、絶対安全なことを探し続け、それが見つかるまで行動に移そうとしなくなったのです。

｜　どうせ自分にうまくできるわけがない!?　｜

「**私は重要な存在であってはならない**」は、自身の重要さに関する信

条です。この信条を決断している多くの人は、幼少期より自身の重要さを親から否定されてきました。他の兄弟姉妹より重要に扱わなかったのかもしれないし、何かにつけてそんなことは大したことはないと自分がやったことを値引きされてきたのかもしれません。その結果彼らは自分の価値に自信が持てなくなっています。

　自分はどうせうまくできないと思っていたり、自分はダメだと信じています。または、他者がそれをやればうまくやれるだろうけれど、自分だとうまくやれないと思っています。

　反抗的なポジションにいる場合には、自分の重要さを強く相手に認めさせようとするかもしれません。

　自分は重要ではないという信条が浮かび上がってこないように、自分の重要さを証明しようとし続けたり、相手より少しでも優位な立場に立とうとしたり、過剰なプライドでバリアを張ってちょっとでも自分の重要さが損なわれたと感じたときには激しい怒りで相手を打ち負かしにかかるかもしれません。それは弱みを見せないように振舞っている場合や、決して間違いを認めようとしないケースにもみられます。

　真の重要さとは、相手を打ち負かしたり間違いを認めないことではありません。弱いところを弱いと認めることができる、間違ったところを間違っていると認めることができることが真の重要さです。絶望的ポジションでも反抗的なポジションでも共通して、この信条を決断した人たちは、他者からの評価にかなり敏感なのが特徴です。

｜ このカテゴリーにみられる代表的な信条 ｜

●私は自分らしくあってはならない
●私は自分を見せてはならない
●私は離れてはならない
●私は行動してはならない
●私は重要な存在であってはならない

　このカテゴリーの信条は、自身の能力の発揮を妨げる基になる信条です。

　「**私はなし遂げてはならない**」は、何かを最後までやり遂げない基になるものです。彼らは何かを始めた最初のうちはかなり熱心なのですが、途中でやっていることに疑問を持ち、別の何かが気になり、途中で投げ出してしまいます。

　大きなサイクルでは、コーチングを学び始めたものの途中で投げ出し、次は英会話を始めたけれど途中で投げ出すなど数年期間にわたる繰り返しを、小さなサイクルでは日常生活の片づけや机の整理をやりだしては途中で投げ出すなど短い時間で繰り返しています。

　彼らは、最初楽しくやり始めたものを、途中からそれをやらされているように感じ始めます。やりたくて始めたことであるにもかかわらず、そのうち「なぜこんなことをやらなきゃいけないのだ」と嫌になっていきます。

　それはまるで自立を妨げる親と闘っている子どものように見えます。彼らは自分をなし遂げられる人間だと信じていません。子どものころ親から自分がやることを応援し協力してもらえなかったことが影響しているのかもしれません。だから「自分はちゃんと最後までやらなきゃいけない」と強く思ってしまいます。

　これは「〜べき」思考なので、そう思えば思うほど、やっていることが次第に苦しくなっていきます。

勝つと嫌われる!?

「**私は勝ってはならない**」の信条は、競争や勝負ごとに勝つことに不

安や罪悪感を覚え、勝つことを避けようとする行動を取ってしまうものです。

　子どものころから、勝つことは嫌われること、勝ってしまうと相手が離れていく、勝ってしまうと相手がかわいそう、などの強い思い込みがあります。ゲームがあまりにも上達しすぎると、今までゲームの相手をしてくれていた父親が、遊んでくれなくなったのかもしれません。

｜ 子どものままで居れば愛される ｜

「<u>私は成長してはならない</u>」の信条を決断した人は、成長し大人になることは愛情を失うことや危険なことであると思っています。大人にならずに子どものままで居続けたほうが愛されてきたのです。

　能力を評価されたのではなくて、親のかわいい人形であるように求められてきたのです。すなわち成長せずに子どものままで居ることは愛されるための大事な手段なのです。

　年齢を重ね社会に出た彼らは、心が子どもの状態のままで周囲の大人たちと関わることに不安を覚えます。彼らがうまくやる方法は、苦手なことを努力して克服するというものではなく、面倒を見てくれる人からかわいがられるというやり方以外持たないからです。

　彼らの中には、実年齢より子どもっぽく見える人が多くいます。年齢よりも若く見えるというより、その態度や仕草が子どもっぽいのです。

｜ 親からの「私の考える通りにやりなさい」のメッセージ ｜

「<u>私は考えてはならない</u>」の信条を決断した人は、考えることに困難さを持っています。自分の考えを尋ねられると。頭が真っ白になる、混乱するといった反応を示します。

　彼らの多くは幼少時より、自分の考えを持つことを許されていませ

んでした。親から「あなたが考えた通りにやってもうまくいかないから、私の考える通りにやりなさい」というメッセージを受け取ってきたのです。自分で考える代わりに考えてくれる人に育てられた結果、自分で考えることが難しいと思い込んでいます。

　また彼らの多くは、いったん何かの考えを支持すると、それが事実であるかどうかを検証することなくその考えを絶対正しいと信じるようになり、支持する考えに批判的な他の意見に対しては拒否的に振舞ってしまいます。

｜　このカテゴリーにみられる代表的な信条　｜

●私はなし遂げてはならない
●私は勝ってはならない
●私は成長してはならない
●私は考えてはならない

世の中は危険なもの
⑤安全に関する信条

　安全に関する信条は、世の中は無防備で生きるには危険なものだと思っているものです。

　「**私は安全を感じてはならない**」の信条を決断した人は、幼少期に家の中が安全ではありませんでした。

　頻繁に起きる夫婦喧嘩は幼児を不安にさせ緊張させるには十分なものだったでしょう。またいつ親から怒鳴られるかと不安だと家の中で気が抜けません。幼児にとって家の中は社会であり、世の中そのものです。世の中が安全と感じられないと、緊張を解き身体の力を抜くことができなくなります。

　大人になった彼らは、身体の力を抜いてくつろぐことができず、意識することなく絶えず緊張しています。「力を抜いて」「緊張しないで」と言われても、そのやり方すらわからないのです。

｜ 親はいつも大変そうだった ｜

　「**私は楽しんではならない**」の信条を決断した人は、楽しむことに困難さを持っています。彼らの多くは、子どものころに両親が楽しむ姿を見ていませんでした。

　ある親は仕事が忙しすぎて、ある親は生活のために一生懸命で余裕がなく、ある親は祖父母との関係に苦労していました。子どもは、人生を楽しむよりも目先のことを懸命にこなしている親の姿から「楽しんではいけない」のメッセージを受け取りました。

　多くの親たちは、むしろ子どもには楽しんでほしいと願っていたかもしれません。しかしながら、子どもは親の大変そうな姿から、楽しむことに罪悪感を覚え、楽しむことが何か悪いことであるかのように

思うようになったのです。

｜ 幸せになるともっと悪いことが…… ｜

「<u>私は幸せになってはならない</u>」も同様に、幸せに生きていない親から伝えられるメッセージです。そして幸せになることに罪悪感を覚えます。幸せになってはいけない、もしかすると、幸せになるともっと悪いことが起きるから幸せにならないほうがいいと思っているかもしれません。

｜ 感情に蓋をしている人のタイプ ｜

「<u>私は感じてはならない</u>」と決断した人は、感情を表現することはもちろん、感じることすなわち感情を自分の中にあるものとして受け入れることに困難さを抱えています。すべての感情を感じることができないというより、「怒り」「悲しみ」「怖れ」「嫌」「興奮」など感情の中の、特定の感情に困難さを抱えている場合がほとんどです。

　多くの場合は、どちらかの親が同じ特定の感情を表現することに困難さを抱えていて、子どもはその感情を感じない模範を示されてきたことにより決断しています。

　たとえば決して泣かない母親から、泣かないことの模範を示されてきたのです。また、「男のくせに泣くな」「女の子が怒ってはいけない」などと特定の感情を直接禁止された場合もあります。

　感情に蓋をしていると、感情の起伏が少なくなり、生活そのものが活き活きしていないように感じます。怒りや怖れに蓋をすると怒りや怖れがコントロールできないなど、特定の感情に蓋をすることによって、感情のコントロールが悪くなってしまうこともあります。

｜ だから不満がいっぱい ｜

「<u>私は感謝してはならない</u>」は、感謝の気持ちがわきあがることに困

難さを持っています。

　感謝の気持ちは、現状への満足感の基になります。また幸せとも大きく関係します。周囲の人だけでなく、今の環境に感謝できることで、幸せを感じやすくなるのです。

　この信条を決断した人たちは、今の恵まれた状況に感謝できないために、不満が多くなります。自分の環境は足りないものでいっぱいなのです。そして感謝するということは、自分の成長を止めてしまうことだったり、自分が低いレベルに甘んじてしまうことであると信じている人たちもいます。

｜　このカテゴリーにみられる代表的な信条　｜

●私は安全を感じてはならない
●私は楽しんではならない
●私は幸せになってはならない
●私は感じてはならない
●私は感謝してはならない

ワーク10 **自分の信条をチェックしよう**

　ここで、自身の信条をチェックしてみましょう。自分がどのような信条を決断しているか、以下の項目をチェックしてください。その際は、次のことを参考にしてください。

●あまり多く選び出さず、2〜3項目にする
●自分が悩む性格の問題と関係していそうな信条をチェックする

｜ 信条のチェックリスト ｜

□ 私は存在してはならない

□ 私は居てはならない

□ 私は健康であってはならない

□ 私は正気であってはならない

□ 私は人と（心理的に）近づいてはならない

□ 私は所属してはならない

□ 私は子どもらしくあってはならない

□ 私は欲しがってはならない

□ 私は信頼してはならない

□ 私は自分らしくあってはならない

□ 私は自分を見せてはならない

□ 私は離れてはならない

□ 私は行動してはならない

□ 私は重要な存在であってはならない

□ 私はなし遂げてはならない

□ 私は勝ってはならない

□私は成長してはならない

□ 私は考えてはならない

□ 私は安全を感じてはならない

□ 私は楽しんではならない

□ 私は幸せになってはならない

□ 私は感じてはならない

□ 私は感謝してはならない

｜ その信条がどんな問題を引き起こしているのか ｜

ピックアップした信条を次ページの表にまとめましょう。これは、チェックした信条が、それぞれ今の性格上の問題とどのように関係しているかについて考えるものです。次章（Step4）で、信条を修正するワークに取り組みますが、その際に、「この信条を修正することで、どのような変化が期待されるのか」をイメージするのに役に立ちます。

信条	関連する今の性格の問題
①私は重要であってはならない	仕事上でもプライベートでも、何かにつけて自信がなくて、うまくいかないことがあるとすぐに「私はダメだ」と思ってしまい、先に進まない。
②私は信頼してはならない	他者（主に友人とか）に対して警戒心が強く、「裏切られたらどうしよう」という不安にとらわれている。そのために人と表面上の付き合いしかしていない。本当に心を許せる友達もいない。
③私は楽しんではならない	遊ぶとか楽しむというのは悪いことではないと頭ではわかっているつもりだけれど、遊んだ後は罪悪感が大きい。そのために遊びに行っても楽しむことについブレーキをかけてしまって、心から楽しめない。

信条	関連する今の性格の問題

STEP

4

幼少期に決めた
信条を修正する

ワーク11

ワークの途中で
不安が強くなったら…

　本章のワークは、前章（Step3）で明らかになった信条を変えていくためのものです。これは通常カウンセリングで行う内容をセルフワークで実施するものです。これを進めるにあたって注意点があります。

　このワークは幼少期に形成された信条を扱いますので、幼少期のことを思い出します。したがって下記のことを守ってください。

①幼少期のことを思い出したくない場合は、この章のワークを実施しないでください。Step2とStep5のワークを繰り返し実施することで、問題解決を進めてください。それでもどうしても実施したい場合はプロのカウンセラーのもとで実施してください。

②途中で嫌になって先に進みたくなくなった場合は、そこで中断して、無理にその先を実施しないでください。この場合も、Step2とStep5のワークを繰り返し実施することを勧めます。

③進める途中で不安が強くなった場合は、次に説明する「今、ここのワーク」を行ってください。

不安定な「あそこ」「過去」「未来」

「今、ここ」とは、現実にコンタクトしている状態です。自分が「今、ここ」にいるとき、人は冷静で気持ちが落ち着いていて集中できます。

　たとえば、食事に行く約束した友人たちを居酒屋に待たせたまま職場で残業をしているとき、「友人たちは先に飲んでいるのかなあ、それとも飲まずに私を待っているのかなあ」と考えて仕事をしていると

すれば、「今」ですが、「ここ」ではなく、「あそこ（友人たちがいる居酒屋）」にいます。冷静に落ち着いて集中できない状態です。

「今」は過去でも未来でもありません。現在にいるということです。

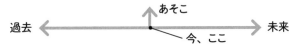

たとえばパニック発作は、「また発作が起きたらどうしよう」と不安に思うことで起きやすくなります。起きるかもしれない発作を心配しているとき、その人は未来にいます。過ぎた出来事を悔やんでいるときは、その人は過去にいます。しかし、「今、ここ」にいればあれこれ考えることなく、不安定になりにくいのです。

「今、ここ」のワークは次のものです。時間もかからないので簡単にできます。様々なワークの途中で不安になったときだけではなく、日常で落ち着きたいときや、イライラするときなどにも効果的です。

｜ 心を落ち着かせる「今、ここのワーク」 ｜

まず姿勢を正し、背筋を伸ばしてください。

そして、ゆっくりと呼吸をしてください。

①今日は西暦何年何月何日ですか？　声に出して答えてください。

例）今日は２０００年〇月〇日です。

②あなたの生年月日と年齢を、声に出して答えてください。

例）私は１９〇〇年〇月〇日生まれ、〇〇歳です。

③「私は、〇〇歳、自立した大人です」と、声に出して答えてください。

例）私は、〇〇歳、自立した大人です。

④音を聞いてください。何の音が聞こえますか？　声に出して答えてください。

例）時計の秒針の音が聞こえる。外の車の音が聞こえる。

どんなとき その信条を決断したのか

ワーク12

信条を修正するワークの最初は、**信条を決断した場面をイメージする**ことです。私の臨床経験から多くの信条は、3歳から12歳くらいまで（もちろんそれより早いまたは遅い場合もあります）の間に決断しています。それを次の手順で行います。

| その信条がわきあがった最近の出来事は？ |

①68ページでチェックした信条をひとつ選んで書き出します。

②信条がわきあがった最近の出来事をひとつ取り上げます。そしてそのときに思ったことも書き出します。決断の場面を探るときには、最近の出来事と同じように思った一番古い場面を探ります。したがって、最近の出来事をクリアに思い出すことは大切です。

①と②を下記に書き込みましょう。

信条	最近の出来事
私は重要な存在であってはならない	夫が子どもの話ばかりしたとき、夫にとって私なんてどうでもいいのではないかと思った。

信条	最近の出来事

｜ その信条を決断した場面の探し方 ｜

　次は、信条を決断した場面を探します。探すといっても、幼少期の記憶を正確に覚えている人はいません。したがって、感覚を頼りに探っていきます。次の手順で進めてください。

③前記②の場面に身を置きます。今その出来事が起きた場面に自分がいて、今その出来事を体験しているかのようにイメージします。イメージができたら、自分の心の中に①の信条があることを確かめてください。そのときの感情も体験してください。

④いつぐらいからその信条を持っているか（③のように思っているか、または頭の中で信条をささやいているか）を自分に尋ねてください。
　「いつぐらいからそう思っている（信条）？」「記憶の中で、最初にそう思ったのはいつ？」と尋ねます。この嫌な感覚がいつぐらいからあるかを探るとわかりやすいです。

⑤次は④でわかった場面に身を置いてください。この場面が「決断の場面」です。今あなたは何歳ですか。その場面で起きている出来事（何が起きているか）をイメージしてください。誰が何をしていますか。何を言い、どんな態度を取っていますか。

⑥その場面で、何を感じているのかをチェックしてください。

　以上、④から⑥を次ページの通り書き出します。

いつ	起きていること	感情・感覚
6歳ごろ	お母さんはお兄ちゃんと話すときはニコニコしているけど、私と話すときはイライラして話している。	悲しみ 見捨てられた気分

いつ	起きていること	感情・感覚

｜ こうして信条を強化していく ｜

次は、以下を書いてみましょう。

⑦その場面で、「自分について」「他者について」「世界（世の中、社会）について」、自分が思ったことを書きます。

自分について思ったことは信条とほぼ同じ意味の表現になります。信条を決断した場面で、人は多くの場合「他者とはどういうものなのか」、また「世の中はどういうところなのか」などを評価しています。

そしてその後いくつもの決断のときと類似した出来事を体験するたびに、頭の中で「やっぱり私は……」「やっぱり他者は……」「やっぱり世界は……」と繰り返し、嫌な感情がわき、信条を強化させていくのです。そして自分だけではなく、他者や世界に関して評価した考えは、今も頭に残っていて、それが事実だとゆがめられ信じられています。

自分、他者、世界、に関してわからなければ、ここは空白のまま次に進んでください。

信条：私は重要な存在であってはならない

自分について	私は大事な人間じゃない
他者について	誰も私のことは大事に扱わない
世界について	私を認めないところ、認めてもらえないところ

信条：私は人と（心理的に）近づいてはならない

自分について	私は好かれない、愛されない
他者について	誰も私のことを愛さない
世界について	愛情がないところ

信条：私は子どもらしくあってはならない

自分について	私は甘えてはいけない
他者について	他者は私が甘えると困る
世界について	甘えずつらいこともひとりで対処しなければならないところ

信条：

自分について	
他者について	
世界について	

未処理の感情を探そう

　未処理の感情とは消化されなかった感情です。信条（幼少期からのゆがんだ強固な考え）は未処理の感情がセットになっています。ゆがんだ強固な考えは、そのときの感情が未処理のままだからゆがんだままで修正されにくいともいえます。だから**感情を処理しないと考えを修正することが難しい**のです。感情の処理と考えの修正について例をあげて説明します。

　憎いと思い続けた認知症の義母を介護している女性が、義母に優しくしてあげたいと心底思うけれどもそれがなかなかできずに悩んでいました。昔義母からいじめられていたことが頭をよぎってしまうのです。それは昔いじめられたときの怒りが未処理だからです。怒りの感情処理が必要なのです。

どうして感情が未処理になるのか

　感情は、わきあがったときに、それを受け入れ、表出することで消化されます。受け入れるとは、その感情を否定的に評価せず、自分にとって自然なものとして評価することです。

　たとえば、仕事が大変なので人員を補充するよう上司に訴えたものの受け入れてもらえなかったとします。そのときに悲しみがわきあがりました。しかし、「こんなことで悲しんでいてもしょうがない」と自分に言い聞かせました。これが感情を受け入れないということです。

　その感情をあきらめた、我慢した、また感じないようにした、見ないようにしたなどが未処理の感情になります。感じないようにするとは悲しいはずの場面で悲しみがわいてこないことです。これを抑圧といいます。抑圧は、その本人も悲しいことに気づきません。見ないよ

うにしたとは、悲しいとわかっているけれども、それに向き合わず別のことで気を晴らすなどです。

｜ いくら相手を責めても気が晴れない心理 ｜

また、別の感情で処理しようとした結果、感情が未処理になることもあります。たとえば、パートナーから嘘をつかれて悲しかったにもかかわらず、パートナーを怒りで責めるという形で表現した場合、別の感情で処理しようとしたことになります。この場合、感情は未処理になりますので、どんなに表現してもすっきりしません。いくら怒って責めても、気が晴れないのです。

こういうケースは珍しくありません。多くの人がしばしば別の感情で処理しようと試みます。「試みる」と表現しましたが、多くの場合それは意識することなく行われますので、当人は別の感情で表しているとは思っていません。本当に怒っていると勘違いしています。

人は悲しみ、怒り、怖れ、喜び、嫌悪など多くの感情を持っています。そして毎日それらの感情がわいています。感情は生き残るために元々備わっていますので、わきあがるのは自然なことです。「私は怒りを感じない」と思っている人がいるとしたら、それは間違いで、正確には「私は怒りを抑圧している」が正しくなります。多くの人は、小さいころに親から禁止された感情や受け入れてもらえなかった感情を、別の感情で代用して処理しようとします。

また「悲しむとよけいに悲しくなる」と思って悲しみにブレーキをかける場合があります。これは間違いです。悲しみは消化されずに残り続けます。怖れにブレーキをかけるとよけいに怖くなります。繰り返しますが、感情は受け入れることで消化されます。

ブレーキは意識せずにかけてしまう場合が多いようです。それは反射的に身体に力を入れるという方法で行います。したがって後述しますが、**感情を処理するときは身体の力を抜く必要があります**。

その感情が 未処理になった理由

ワーク13

　未処理の感情を処理するためには「**感情処理法**」を実施することがお勧めです。感情処理法は、未処理の感情を息で吐き出すだけです。息を吐きながら感情を一緒に身体の外に出すのです。それを繰り返すことにより、感情は次第に消化され処理が進んでいきます。

　ネガティブな強固な考えである信条は未処理の感情がセットになっています。強固な考えを修正するために感情処理を実施しましょう。

　感情処理を進めるために、**未処理の感情（あくまで現時点ではそう思っている感情）と、それが未処理になった理由を考えて書きます。**未処理の感情を「現時点でそう思っている」と表現したのは、感情処理のプロセスで「本当は違う感情だった」と気づくことも多いためです。未処理になった理由は、なぜその感情を表現することができなかったのか、つまり、なぜ感情を抑えなければならなかったのか、我慢しなければならなかったのかについて考えます。

未処理の感情	未処理になった理由
悲しみ	お母さんがお兄ちゃんと話すときのようにニコニコ話してほしいけど、求めても私にはニコニコ話してくれないと思ったから、悲しんでも仕方ないとあきらめた。

未処理の感情	未処理になった理由

「感情処理」をやってみよう

　次はいよいよ感情処理を実施します。そこで感情処理をうまくやるために注意事項を説明します。感情処理は、**身体の中にある感情を身体の外に出す**ものです。姿勢が丸まっていたり、身体に力が入っていると、感情は身体の内側にとどまり外に出ていきません。これは意識せずに感情にブレーキをかけている状態になります。

｜ 感情処理を行うときの注意点 ｜

①姿勢

・身体が前かがみになっていないか確認する

　　→姿勢はまっすぐ

・下を向いていないか確認する

　　→顔を上げる

・腕や足を組んでいないか確認する

②身体の緊張

・顔（額、頬、顎、口の中）、首、肩、背中、胸、腕（上腕、前腕、手首）、掌、手指、腰、臀部、脚（太もも、脹脛）、足首、足指にそれぞれ力が入っていないか確認する

　　→身体の力を抜く

・息を止めていないか

　　→ゆっくり呼吸する

　身体から力を抜きにくい場合は、力が抜けない部分に全力で力を入れて5 ～ 10秒緊張させて、一気に脱力してみましょう。力が抜けます。

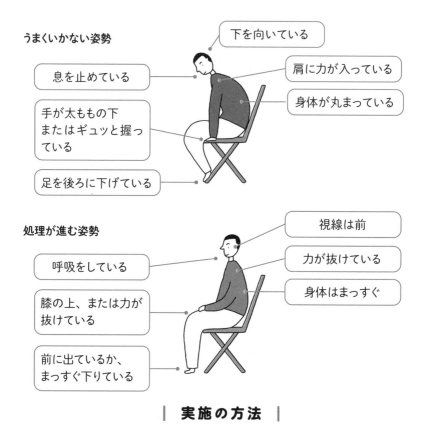

うまくいかない姿勢

- 下を向いている
- 肩に力が入っている
- 身体が丸まっている
- 息を止めている
- 手が太ももの下またはギュッと握っている
- 足を後ろに下げている

処理が進む姿勢

- 視線は前
- 力が抜けている
- 身体はまっすぐ
- 呼吸をしている
- 膝の上、または力が抜けている
- 前に出ているか、まっすぐ下りている

実 施 の 方 法

いよいよ感情処理を実施しましょう。

感情処理は、次のように行います。

①信条を決断した場面に身を置く

②未処理の感情を体験する（身体の中にわきあがるのを体験する）

③息を吐く

息を吐くときには、次のことがポイントです。

- ●吐息と一緒に感情が身体の外に出ていくイメージを持つ
- ●強く早くではなく、脱力したままゆっくりと息を吐く
- ●5〜6回吐く（感情が減ったと感じるまで）
- ●吐き出すにつれて身体の中の未処理の感情が減っていくイメージを
  持つ

ワーク 15

「ほんものの感情」を見つける

　感情処理を実施して、吐息とともに感情を吐き出し、身体の中の感情が減ったならば、次は「**他に感情はないか**」をチェックします。

　他に感情がなければ、感情処理はそこで終了して構いません。しかしながら、他に感情がわきあがってくる場合も少なくありません。

　たとえば、母親からお兄さんと同じように大事に扱われなかった悲しみを未処理の感情として処理するうちに次第に悲しみが減り、他に感情がないかチェックすると、大事に扱ってくれなかった母親に対する怒りがわいていることに気づいた、または大事に扱ってくれなかった母親から見捨てられるような怖さがあることに気づいたなどです。

　このように他に感情がある場合は、それを息で吐いて処理します。

言葉にできない何かを言葉にする法

　わいている感情ははっきりわからないけれど、「何かがある」と気になることがあった場合には、その処理も進めましょう。「何の感情かはっきりはわからないけど違和感がある」「何かすっきりしない」という何かがあるという気づきは大切です。

　その違和感やすっきりしない何かをとにかく言葉にします。その表現は「もやもやする」「胸のあたりが重い」といった身体の感覚、または「何でこんな目にあわなきゃいけないんだ」「どうしてこういうことを言われてしまうんだろう」などの思い（思考）かもしれません。

　まずはそれらの感覚や思考を身体の外に出すように息を吐いてみます。それによって感情は特定できないままであっても、気持ちがすっきりすることもあります。感情と思考や感覚はつながっていますので、考えを言葉にすることによって気持ちも処理されていきます。またそ

うするうちに感情がはっきりすることもあります。

　言葉にできない何かを、身体内の感覚として表現することが得意な人と、思考として表現することが得意な人とがいるようです。特に女性には感覚として表現すること、男性は思考として表現することが得意な人が多いようです。感覚であっても思考であっても、それを言葉にして、息で吐き出しましょう。次のように書くのもいいでしょう。

場面：話を聞いてほしいけど、忙しいお母さんに要望できない

感覚・思考①	胸に重いものがあってつかえた感じ →胸につかえた重いものを息で吐き出す
感覚・思考②	わかってほしいと言いたいような →わかってほしいとの思いを息で吐き出す
感覚・思考③	なんでわかってもらえないのだろう →わかってもらえない思いを息で吐き出す →その後悲しみを感じ始める

場面：

感覚・思考①	
感覚・思考②	
感覚・思考③	

こうしてわきあがってくる「他の感情」

　他に感情を知る手掛かりとして、この状況において本当はどうしてほしかったかを言葉にする方法があります。感情は、期待された状況と評価された状況との差から生じます。したがって、どうしてほし

かったかを言葉にすることで、それがかなわなかった状況（現実の状況）を認識でき、その場面での感情の気づきが得られます。

してほしかったこと	現実の状況	感情
「話を聞くよ」と優しく言ってほしかった	忙しくて私が寂しそうにしていても気づかない	悲しい、寂しい

してほしかったこと	現実の状況	感情

　実際にワークを進めると、未処理の感情を処理した後に他の感情を探るプロセスでは、下記のように感覚・思考がわきあがったり、感情がわいたりと様々に起きてきます。

感情①	悲しみ
感覚思考①	お兄ちゃんと同じようにしてくれないという「理不尽な思い」
感情②	同じように接してもらえないことへの「怒り」
感情③	お兄ちゃんと同じように接してもらえなかった「悲しみ」

　それぞれの感情をどの程度処理できたか、自分なりに吐き出せたと思うか、すっきりしたか、0～100の数値で表してみましょう。

感情（感覚・思考）	処理の度合い
悲しみ	60
理不尽な思い	30
怒り	70
悲しみ	80

感情（感覚・思考）	処理の度合い

　先述したように、悲しみを怒りにまかせて責めて表現した場合、悲しみを怒りという別の感情で処理を試みたことになりすっきりしません。このとき処理を試みようとした別の感情を「**にせものの感情**」といいます。悲しみを怒りで表現したときには、怒りがにせものの感情です。そして表現されなかった悲しみを「**ほんものの感情**」といいます。

　私たちは多くのにせものの感情を使います。悲しみを怒りで表現する人は多いです。慢性的にイライラしている人は、悲しみの感情処理を行うとイライラが減ることがあります。

　まずイライラを息で吐き感情処理します。次に、他に感情がないか探ると、悲しみがわきあがってきます。その悲しみを息で吐き感情処理することでさらにイライラが少なくなっていきます。

　ほんものの感情が怖さ（不安）であるにもかかわらず、それをにせものの感情である怒りで表現する場合、その怒りは激しいものになります。キレる、または激高するとき、ほんものの感情は怖れ（不安）であることが多いです。怖さを感情処理しないと激しい怒りはコントロールが難しくなります。

　他の感情を探すというプロセスは、ほんものの感情を処理するためのプロセスともいえます。すぐにたどり着く場合もあれば、3つ4つと探っていった後にやっとたどり着く場合もあります。ほんものの感情にたどり着くまで、何度も「他に感情はないか」とチェックしてください。これ以上は他に感情がないと思えたところがゴールです。

ワーク16

怒りをすっきりさせる法

　怒りをすっきりさせる（処理する）のが苦手な人は少なくありません。そこで怒りの処理について理解しておきましょう。怒りは、悲しみや怖れと比較して対人関係上の問題を引き起こしやすい感情です。怒りが未処理のまま放置されると、表すべきではない状況や不適切な方法で怒りが表れてしまうことも考えられます。怒りは正しく処理することによってコントロールすることができます。以下、怒りの処理を上手に行うポイントをまとめました。

｜ 怒りは良くない感情か ｜

　感情処理を実施してもすっきりしない場合、最初に疑ってほしいのは、怒りがにせものの感情ではないかということです。多くのすっきりしない怒りはにせものの感情であり、ほんものの感情は別にあります。

●怒りの他に感情はないかを探る（悲しみ、怖れなど）
●他の感情があれば、それを処理する

　怒りに対して否定的な評価をしていませんか。怒りは良くない感情であるという評価です。たとえば、「怒りを感じるとコントロールできなくなる」「怒りを感じると相手にわかってしまう」「怒りを感じると嫌われる」などは否定的な評価です。幼少期に父親が母親に暴力的だった場合などは「怒りを感じると父親みたいになってしまう」と思っている場合もあります。これも否定的な評価です。
　このような否定的な評価は、怒りを受け入れることにブレーキをかけてしまいます。

怒りの否定的評価を正す

→怒りを感じてもコントロールできなくなることはありません。
　怒りを処理せずため込むと、またにせものの感情として怒りを
　使うとコントロールできなくなることがあります。

→怒りを感じても相手にわかりません。逆に怒りを処理せずため
　込むとそれが口調や態度に出てしまいます。

→怒りを感じたからといって相手に嫌われません。怒りを攻撃と
　して相手に表すと嫌われることがあります。感じて処理するこ
　とと、相手に出すのは別です。多くの怒りは相手にぶつけても
　すっきりしません。自分ひとりで処理しましょう。

心がけたいのは力を抜くこと

　怒りを処理するとき、他の感情より身体のどこかに力が入りやすい
傾向があります。これらに注意し怒りを処理します。

●身体のどこかに力が入っていないかチェックする
●力が入っていたら、力を抜く

　怒りは、息を吐いての感情処理
だけではなくて、新聞紙を筒形に
まいてクッションをたたく形で処
理することもできます。そのとき
には、思い切りたたくのではなく
あまり身体に力が入らないように
たたく、たたくときは息を止めな
いことに注意してください。

ワーク 17

「禁止メッセージ」は不合理である

感情処理を終えたら、いよいよ信条を修正します。

信条は、「私は存在してはならない」「私は居てはならない」「私は重要な存在であってはならない」など禁止された表現になっています。これは幼少期に親が非言語的に与えた「離れるな」「近づくな」などの**禁止メッセージ（禁止令）**を、子ども側が「私は離れてはならない」「私は近づいてはならない」と決断したということを表しています。

信条を変えるために、禁止メッセージを与えた幼少期の親と、信条を決断した幼少期の自分に関して、いくつかの検証をしていきます。これは、禁止メッセージを与えた親と、信条を決断した幼少期の自分の交流（やりとり）を、現在の大人になった自分から見ることで、客観的に何が起きているのかを理解するものです。

信条を決断した幼少期の自分は、冷静で客観的なものの見方ができていませんでした。子どもの認知能力はそれを冷静に判断するには十分に発達していませんでした。したがって、大人である親のメッセージが絶対的な事実だと思い込んでしまったのです。

親はなぜそのような態度を取ったのか

親があなたに与えた禁止メッセージを考えてみましょう。前述の例で説明すると、信条は「私は重要な存在であってはならない」です。それはお母さんの「お兄ちゃんと話すときはニコニコしているけど、私と話すときはイライラして話す」という態度による非言語的な「重要であるな」という禁止メッセージによって伝えられました。

禁止メッセージを自分が決断し、「私は重要な存在であってはならない」を決断したのです。「私は重要な存在であってはならない」は

自分を価値がないと思ってしまうものです。

　母親はなぜそのような態度を取ったのでしょうか。その理由を最初に考えてみたいと思います。多くの場合、考えられる理由はひとつではないものです。考えられるものを全部書きましょう。

「お母さんは男の子が欲しかったからお兄ちゃんにはいつもニコニコしていた」「私にイライラしていたのは、私がお母さんの言うことにしばしば反抗していたから」「私がおばあちゃんに似ていたからお母さんは私が好きではなかった」「お兄ちゃんのほうが学校の成績が良かったから」「お母さんはおばあちゃんとの関係がうまくいかずいつもイライラしていた」などです。

｜　それは誰の問題か　｜

　次は、それぞれの理由は**誰の問題（責任）なのかを考えて書きます**。誰の問題かを考えるときには、その考えが事実からゆがまないように注意します。

　お母さんは男の子が欲しかったからお兄ちゃんにはいつもニコニコしていたというのはあなたの問題でしょうか。いいえあなたの問題ではありません。

　お母さんがイライラしていたのはあなたの責任でしょうか。いいえ、感情の責任は本人にしかありません。

　反抗する子どもを受容し優しく諭すのかイライラするのかを決める権利を持つのは母親本人だけです。

　あなたがおばあちゃんに似ているのは、またおばあちゃんに似ているわが子を好きになれないのは誰の問題でしょうか。

　成績が良くない子どもにニコニコしないのはどうでしょう。

　すべてあなたの問題ではなく、お母さんの問題です。お母さんの感情もお母さんの態度も行動も、決める権利はお母さんにしかありません。お母さんの態度はすべてお母さんの責任で行われているものです。

その態度を取った理由	誰の問題（責任）か
①お母さんは男の子が欲しかったからお兄ちゃんにはいつもニコニコしていた。	①男の子が欲しいこと、男の子にばかりニコニコするのはお母さんの問題。
②私にイライラしていたのは、私がお母さんの言うことにしばしば反抗していたから。	②反抗する私に優しくできないのはお母さんの問題。
③私がおばあちゃんに似ていたからお母さんは私が好きではなかった。	③おばあちゃんに似ている子どもを好きじゃないのもお母さんの問題。
④お母さんがお兄ちゃんにニコニコしていたのは、お兄ちゃんの成績が良かったから。	④成績が良い子にニコニコするのはお母さんの問題。
⑤お母さんはおばあちゃんとの関係がうまくいかずいつもイライラしていた。	⑤おばあちゃんとの関係は私の問題ではない。

その態度を取った理由	誰の問題（責任）か

あなたとは関係のないこと

　最後に「その態度を取った理由」と「誰の問題（責任）か」をよく見てください。これを見て、信条を決断したときのお母さんの態度である「お兄ちゃんと話すときはニコニコしているけど、私と話すときはイライラして話す」は、信条である「私は重要な存在であってはならない」に関係があるかどうかを検証します。

「お兄ちゃんと話すときはニコニコしているけど、私と話すときはイライラして話す」という態度は、あなたが「重要な存在であってはならない」ということを意味するのでしょうか。あなたが「重要な存在であってはならない」ということを証明するものなのでしょうか。

　いいえ違います。お母さんがそういう態度を取ったことと、あなたが重要な存在であるかどうかは関係のないことです。**親の禁止メッセージと信条の関係**について考えて書きましょう。

禁止メッセージを与えた親の態度	信条との関係
お兄ちゃんと話すときはニコニコしているけど、私と話すときはイライラして話す。	お母さんがそういう態度を取ったことと、私が重要な存在であるかどうかは関係のないこと。

禁止メッセージを与えた親の態度	信条との関係

好ましい新たな信条を作る

　ここまでのワークで、信条を修正する準備ができました。ここでは信条を好ましいものに修正しましょう。

　今までのワークを踏まえて、否定的な信条に対して好ましい新たな信条を考え、書きましょう。

　たとえば、「私は重要な存在であってはならない」の否定的信条を好ましい新たなものに修正するとき、「お母さんがどんな態度を取ったとしても、私は重要な存在だ」と正反対に表現されるのが良いのですが、自分を重要だというには無理があるという場合には、

「お母さんがどんな態度を取ったとしても、私が重要な存在ではないという証明にならない」

「お母さんがどんな態度を取ったとしても、私が重要な存在ではないということとは関係がない」

　などの表現で構いません。自分が納得いく表現で書きましょう。

　もし少しがんばって「私は重要な存在だ」の新たな信条を定着させていきたいと思うならば、それにチャレンジしてみてください。

否定的な信条	好ましい新たな信条
私は重要な存在であってはならない	お母さんがどんな態度を取ったとしても、私は重要な存在だ。

否定的な信条	好ましい新たな信条

毎日言葉に出して言ってみる

　否定的な信条と好ましい新たな信条の例を掲載しますので、参考にして、自分が納得できる新しい信条を作ってください。

　好ましい新たな信条は、毎日１回は言葉に出して言ってみましょう。

否定的な信条	好ましい新たな信条
・私は存在してはならない	・私は生きる価値がある
・私は居てはならない	・私は邪魔ではない、ここに居る
・私は健康であってはならない	・私は自分を大事にする
・私は正気であってはならない	・私は自分をおかしくしない
・私は人と（心理的に）近づいてはならない	・私は親密になりたい人と親密になる　大事な人に自分から好意を伝える
・私は所属してはならない	・私は自分から仲間に入れてと言う
・私は子どもらしくあってはならない	・私は我慢しない、私は甘える
・私は欲しがってはならない	・私は欲しいものを欲しがる
・私は信頼してはならない	・私は信頼したい人を信頼する
・私は自分らしくあってはならない	・私は唯一無二の存在だ
・私は自分を見せてはならない	・私は安全な人に本当の自分を見せる
・私は離れてはならない	・私は自立する
・私は行動してはならない	・私は行動する
・私は重要な存在であってはならない	・私は重要な存在だ
・私はなし遂げてはならない	・私は成し遂げる人間だ
・私は勝ってはならない	・私は勝っていい
・私は成長してはならない	・私は大人になる
・私は考えてはならない	・私は自分で考える能力がある
・私は安全を感じてはならない	・世の中は安全だ、力を抜いていい

・私は楽しんではならない		・私は楽しむ
・私は幸せになってはならない		・私は幸せになる
・私は感じてはならない		・私にはたくさんの感情がある
・私は感謝してはならない		・私は環境と周りの人に感謝する

｜ 新しい信条をどう行動に移すか ｜

　好ましい新たな信条を持っているとしたら、それはどのような行動に表れるでしょうか。

　具体的に**他者から見てわかる行動**として、どのようなものがあるかを書きます。これは実行できそうなものを書くことがポイントです。

①	夫が子どもの話ばかりしたとき、ふたりの話をしようとハッキリ言う
②	子どもと、一日のゲームの時間を話し合って決める
③	そっと帰るのではなく、上司に、今日は早く帰りますと言う
④	子どもが「ちゃんと話を聞いて」と言ったとき、ごめんと謝る
⑤	「おはようございます」を笑顔で自分から言う

①	
②	
③	
④	
⑤	

これらの項目において、

●新しい信条を支持するものですか
●他者から見てわかる行動になっていますか
●実行可能なものですか
●行動した後、心地よい気持ちになれるものですか

　のチェックをしましょう。そのうえで好ましくない行動は除外して、好ましい行動のみ行動に移してください。

　ここで書いた項目を確実に行動に移すため、次章（Step5）のワークを実施しましょう。次章は再び、認知行動療法の手法を使ったワークです。

STEP

5

新しい行動を
実践する

日々の行動を一歩一歩変えていこう

　ここまで心の言葉を修正し、新たな信条を作ってきました。この章ではそれに合致した行動を目指す、習慣となった今までの行動を変えるワークを行いましょう。

｜　慣れ親しんだやり方は安心　｜

　日々の行動を変えるというととても億劫だと思ってしまう人も多いでしょう。行動を変えると口で言うのは簡単ですが、第一歩を踏み出すことは躊躇してしまいます。それはなぜでしょうか。私たちは、慣れ親しんだやり方が安心で、今までとは違う行動には不安を覚えるのです。

　たとえばやったことがない仕事を自分から「私がやります」と申し出る行動を取ると考えます。今までは自分からやると申し出たことはなく、仕事は受け身でやってきたとします。新しい行動は、おそらく自分にとって良いものであるし、周囲からの評価も上げるでしょう。少なくともその行動を取って損はないはずです。そういうことが頭では理解できます。しかし今までと違う行動が踏み出せないのです。

　私たちは、たとえそれが良い行動ではないと頭でわかっていたとしても、今まで慣れ親しんだやり方はどこか安心なものです。そしてもうひとつ、行動に移せないのは、その行動が大きすぎる一歩だからかもしれません。

　そしてその行動を取ることでどのような効果が期待できるか、うまくいかないときどうすればいいか、などのプランがないからかもしれません。

┃ 一歩踏み出すためのヒント ┃

　<u>行動を取ることの効果やその後の予測などを詳細に検討</u>、そして、<u>実現可能なステップを設定</u>し、取り組んでいくとしたら、そう難しいことではありません。

　また、良い行動ではないとわかっていて慣れ親しんだやり方にとどまっていることは、それ自体がストレスになり、気持ちも落ちてしまいます。

　<u>行動を変えることが気分を楽にすることになる</u>のです。

　そして、行動を変えることが適応的な心の言葉を作っていくことを後押ししてくれます。その結果、自分の"変わった感"を上げてくれるのです。

　さらに行動面の変容を行うことは、

　<u>新たな信条を後押しする</u>ことになります。

　前章のワークを実施し、新しい信条に基づいた行動の実践を躊躇するうちに、次第に慣れ親しんだ昔のネガティブな信条に戻ってしまうともったいないです。行動の変容は、元の信条に戻ってしまわないように手を打つことにもなります。

┃ こうして新しい自分を作る ┃

　今まで取っていなかった新たな行動を取ることで、変わりつつある自分を意識でき、自信が持て、気分が良くなり、それが新しい自分への後押しになります。

　今まで、行動を変えることは難しいと思っていた人も多いかもしれません。しかし前述のように今までとは違う新しい行動を取ることはそう難しいことではないのです。認知行動療法のやり方に従って、安全に一歩一歩行動を変えていくことができるのです。

ワーク19 行動を引き延ばさないために

　何かを始めようとするとき、引き延ばしは大きな障害になります。やるべきことを引き延ばす、回避する、時と場合によっては悪いわけではありませんが、変わろうとするときにはお勧めできません。

　やろうと思っていること、やるべきことを引き延ばすことがあります。それが習慣になっている人もいるかもしれません。引き延ばしつつも最終的にはやるべきと期日までにはやるという場合はそう問題ではありません。そういう場合、それを引き延ばしと思うよりも、期日までに何とかやっている自分を「よくやっている」と認めたほうがいいと思います。

　問題なのは、ずっとやらずに引き延ばす、または結局期日までに間に合わないといった行動です。引き延ばしているときは葛藤状態にいます。頭の中で、「やらなきゃいけない」「やりたくない」「やりたくなくてもやらないとまずい」「でもやりたくない」と交流をして、最後は「やらない自分はダメだ」と嫌な気分がわきます。

　これを繰り返すと結構なストレスになってしまいます。

｜ 結局ストレスになるだけ ｜

　ストレス対処法のひとつに回避があります。ストレスを避けるという方法です。

　避けたほうがいいストレス要因は確かにあります。向き合っても良い結果が出ないとわかっているにもかかわらず何とかしようとして続けるとストレスは大きくなります。しかしながら多くの場合、やるべきことを避ける、見ないようにする、やらずにイライラする、やらないストレスを他の人に八つ当たりするといった回避は好ましくありま

せん。

回避行動を取る人は、その結果、落ち込みや不安が強くなることがわかっています。

引き延ばしも回避も、結局は自分がつらくなるだけで良いことはありません。良いことではないと頭でわかっていたとしても、それをやめることは難しいと思うかもしれません。

┃ スタートへの障害を取り除くために ┃

引き延ばし行動は、それ自体がストレスなだけでなく、新しい行動に取り組むうえで障害になってしまいます。そこで引き延ばし行動について見直しておきたいと思います。

あなたが今やっている引き延ばし行動についてひとつあげて検討してみましょう。それは大きな行動ではなくても、小さなものでも構いません。

たとえば「冬物の衣類をクリーニングに出す」「部屋の片づけをする」「手帳にやるべきことを書き込む」「英会話のレッスンを始める」など、自分が引き延ばしている行動をひとつ取り上げます。

　引き延ばしをそのままにしていると葛藤が生じ不快な感情を感じ続けてしまうことは前に述べた通りです。そんなことは言われるまでもなくわかっているかもしれません。ここでは、その引き延ばし行動自体を見直すためにひとつのワークを実施します。

｜　メリットがあるからやり続ける　｜

　引き延ばし行動をやり続けるということは、そこに何かのメリットがあるはずです。「メリットなんて何もない」と思うかもしれませんが、そうではありません。

　問題行動といえども、それをやり続けているということは、そこに何かしらの心理的なメリットが存在しているはずなのです。もしメリットが何もないとしたら、その行動は持続しないはずです。

　病気になるのは誰しも嫌なことです。しかしながら、潜在意識に病気になることのメリットがあるとしたら、それはたとえば「大事にしてもらえる」「いたわってもらえる」「わがままを聞いてもらえる」というものかもしれませんが、それが存在すると、人は病気になることを繰り返してしまう、そういうケースを私はいくつも見てきました。

｜　引き延ばし行動を続けるメリット・デメリット　｜

　何かの行動を続けることには、何かのメリットが存在しています。引き延ばし行動を続けるメリットは、「嫌なことをやらなくていい」「親に叱ってもらえる」といったものかもしれません。

　まずここでは、引き延ばし行動を続けるメリットとデメリットについて書き出してみましょう。考えられるものを全部書き出します。

引き延ばし行動：英会話のレッスンを始める

メリット	デメリット
やらないほうが楽 お金を使いたくない 勉強するのが面倒	引き延ばしているのを考えるたびにゆううつになる 英会話ができない負い目を感じる 海外留学にチャレンジできない 友達に対して恥ずかしい

引き延ばし行動：

メリット	デメリット

　いかがでしょうか。引き延ばしを続けることにどれだけのメリットがあったでしょうか。引き延ばし行動のメリットとデメリットを見比べて、どれほどメリットが大きいでしょうか。メリットとデメリット、どちらが大きいか考えてみましょう。ここでデメリットが大きいと思えたら、引き延ばし行動をやめて何か行動してみようと思えてきます。

ワーク 20

あなたの 「新たな信条に基づく行動」は？

　Step3（68ページ）のチェックリストで2～3つの信条にチェックがついていると思います。そしてStep4（93ページ）で好ましい新たな信条を明らかにし、それをどう行動に移すかを書き出しました。それらをここでもう一度整理しましょう。

　95ページで書いたどう行動に移すかに関する項目は、106ページの「新たな信条に基づく行動」の欄に書いてください。

　（Step4を実施しなかった場合は、38ページの「新たな心の言葉」に基づく行動を考えて書いてください）

好ましい新たな信条	新たな信条に基づく行動
お母さんがどんな態度を取ったとしても、私は重要な存在です。	①夫が子どもの話ばかりしたとき、ふたりの話をしようとハッキリ言う。 ②子どもと、一日のゲームの時間を話し合って決める。 ③そっと帰るのではなく、上司に、今日は早く帰りますと言う。 ④子どもが「ちゃんと話を聞いて」と言ったとき、ごめんと謝る。 ⑤「おはようございます」を笑顔で自分から言う。

┃ できそうにないことも書いておく ┃

「新たな信条に基づく行動」に書いてある項目は、できそうな項目でしょうか。もし、できそうにない項目があってもこの後のワークで修

正します。

　ですので、今はそのままにしておいてください。今の段階では実現が難しそうなものが含まれていても構いません。

　この章でのワークは、新たな信条に基づく行動を定着させるためのものです。

　以下、いくつかその他の信条の例をあげます。

否定的な信条	好ましい新たな信条	新たな信条に基づく行動
私は子どもらしくあってはならない	私は甘えられそうな人たちに甘える、それをハッキリ伝える。	①月に一日子どもの世話を夫に頼む。 ②子どもに「不機嫌そうに返事しないで」と言う。 ③夫に「話を聞いてほしい」とお願いする。 ④残業できないときに「今日はできません」と言う。
私は人と（心理的に）近づいてはならない	私は、親密になりたい人に自分から近づく。	①妻に「大好きだよ」と気持ちを伝える。 ②息子に自分から「一緒に遊ぼう」と言う。 ③帰ってきてから3分間、今日の出来事を話す。 ④高校時代の友達に連絡し、食事の約束をする。

好ましい新たな信条	新たな信条に基づく行動

ワーク21

そのうちのどれを行動に移すか

　新たな信条に基づく行動を整理したら、その中からまずひとつもしくはふたつ、行動に移したいものを選びましょう。

　ひとつかふたつを選ぶにあたってまずは、どれくらいそれをやりたいか、それぞれの項目に数値を入れてみると良いでしょう。「やりたい度」として、0から100で数値化して表してみましょう。そのうえで、項目の中で比較的点数が高めのものから選びましょう。

　次に実現に向けてどの程度困難さがあるのかも見ておくといいでしょう。あまりにも実現のハードルが高そうなものを選んでしまうと、行動に移したけれどもうまくいかず、最初からつまずきを体験してしまいます。最初のほうでつまずいてしまうと後が続かなくなります。

　かといって、あまり労力も要らず簡単に実現できそうなものを選ぶと、実現したときに「自分が変わっていっている」という達成感は得られず気分も良くなりません。そして次の行動への自信も生まれません。**ある程度は努力が必要になるものを選ぶ**ほうがいいでしょう。たくさんの努力ではなく、ある程度の努力です。

　これも実現に向けて必要な「がんばり度」もしくは「難易度」として0〜100で数値化してみるとわかりやすくなります。

｜ 選択のポイント ｜

　行動に移すものを選択するポイントをまとめると、

- やりたい度が比較的高いものを選ぶ
- がんばり度が比較的高いものを選ぶ

　ことになります。行動に移す項目を新たな信条に基づく行動からひとつもしくはふたつ選んでみましょう。

新たな信条に基づく行動	やりたい度	がんばり度 （難易度）
①夫が子どもの話ばかりしたとき、ふたりの話をしようとハッキリ言う。	70	60
②子どもと、一日のゲームの時間を話し合って決める。	70	70
③そっと帰るのではなく、上司に、今日は早く帰りますと言う。	60	80
④子どもが「ちゃんと話を聞いて」と言ったとき、ごめんと謝る。	50	80
⑤「おはようございます」を笑顔で自分から言う。	60	80

新たな信条に基づく行動	やりたい度	がんばり度 （難易度）

　上記からひとつかふたつを選んだら、それを選択した行動として、次ページの表に書き入れましょう。

**選択した行動：夫が子どもの話ばかりしたとき、ふたりの話をしよう
とハッキリ言う**

やりたい度	70
がんばり度（難易度）	60

選択した行動①：

やりたい度	
がんばり度（難易度）	

選択した行動②：

やりたい度	
がんばり度（難易度）	

｜ 実行後の自分を空想してみよう ｜

　ひとつかふたつを選択したら、他の新たな信条に基づく行動の項目
のことはとりあえず考えないようにします。

　まだ行動に移す前のものを頭の中に置いて頻繁に考えると、「次は
あれもやらなきゃ」と「～べき」が反復されてしまい、それ自体がス
トレスになってしまう可能性があります。まずは、ひとつを前に進め
ることが大切なのです。

　これが行動できたとき、どんな自分を体験できるでしょうか。これ
を行動に移して最後までやれた自分を空想してください。これはうま
くいった場合の空想です。

　うまくいったとき、自分のことをどう思うでしょうか。この例だと、
自分をどう重要な存在だと思っているでしょうか。また他者のことは
どう思うでしょうか。

　他者とは、この例の場合だと夫になりますが、夫に限定しなくても

構いません。「意外と夫に限らず人の多くは自分が要望すれば受け入れてもらえるものかもしれない」などです。

　さらに世の中や世界についてどう思っているでしょうか。自分を拒絶する場所でしょうか、それとも自分を受け入れてくれる安全な場所でしょうか。

　次のワークに進む前に、行動をした後の自分を空想してみてください。

自分について	私は自分を価値があると思える
他者について	私の価値を評価する人もいる
世界について	私にとって安全な場所もある

自分について	
他者について	
世界について	

ワーク22

「新しい心の言葉」で
不安を消す

　新たな信条に基づく行動から項目をひとつかふたつ選んで行動に移すことを考えると、行動に移すうえで障害となる心の言葉が出てきます。新たな信条に基づく行動の中で、やりたい度は高いけれどもがんばり度も高い項目を選んでいるわけですから、その分立ちはだかる障害も大きいかもしれません。行動に移すうえで障害となる心の言葉は、やろうと考えるときの不安を大きくするものです。そしてその内容は、ゆがんでいて事実ではありません。

　前に学んだ内容を参考に、障害となる心の言葉を、新しい心の言葉に修正しましょう。新しい心の言葉は行動に移すうえでの不安を減らしてくれます。

｜　新たな信条を自分になじませる　｜

　たとえば、夫が、妻である自分と、子どもの話以外はしようとしない態度を通して「私は重要でない」と思ってしまう女性の場合、夫が子どもの話ばかりしたとき、ふたりの話をしようとハッキリ言う、という行動は「私は重要な存在」という新たな信条を裏づける行動です。

　しかしながら、夫にそれを言おうとする場合、「それを言うことで、夫から嫌がられる」「夫にとって私はどうでもいい存在」という心の言葉が浮かびます。しかしこの心の言葉はゆがんでいて事実ではありません。それを新しい心の言葉に修正します。

　この例では、「"私の望みを聞いてほしい""決して責めているわけではない"と前置きして話せば、責められているとは受け取らないかもしれない」「たとえ夫の反応がどうだったとしても、私の重要さには関係ない」「私の重要さは私が決めるもので、夫の態度で決まるもの

ではない」が新しい心の言葉です。

　新しい心の言葉が決まったら何度か声に出し、心にしっくりくるように、自分に言い聞かせます。あまりしっくりこない場合は、心の言葉を別の表現に変えてみましょう。

選択した行動：夫が子どもの話ばかりしたとき、ふたりの話をしようとハッキリ言う

行動を妨げるもの	新たな心の言葉
今まで夫が私のことなど関心がないように、私には見えていたので、ふたりの話をしようとハッキリ言うと嫌がられる。 どうせ私はどうでもいい存在だから。それを言うことで、夫は私から責められているように感じ、私を避けるようになる。	「"私の望みを聞いてほしい""決して責めているわけではない"と前置きして話せば、責められているとは受け取らないかもしれない」 「たとえ夫の反応がどうだったとしても、私の重要さには関係ない」 「私の重要さは私が決めるもので、夫の態度で決まるものではない」

選択した行動：

行動を妨げるもの	新たな心の言葉

　この心の言葉は自身の信条に関連しています。選択した項目を行動に移すことで、新たな信条がより自分になじんできます。行動と思考は関連しているので、行動に移すことによって思考である信条も変わってくるのです。

ワーク23 それでも不安が なくならない人へ

　このワークは、行動に移すのにどうしても不安が強くて前に進めない方のためのものです。前ページのワーク後、早く行動に移したい方は、ここは読み飛ばして、次に進んでください。

　新しい心の言葉を声に出しても、行動に移す不安が減らないという場合もあるかもしれません。不安だからと行動に移すことを回避していると、ますます不安が強くなってしまいます。したがって行動に移してほしいところですが、かといって不安が強いにもかかわらず無理に行動に移そうと考えてもつらいばかりでなかなか一歩が踏み出せません。

｜ 不安の5段階 ｜

　不安が強い場合に有効な方法として、対象の行動を不安のレベルに応じて5段階に階層化して、不安が低い行動から取り組んでいく、という方法が効果的です。この方法は恐怖や不安を減らすための治療に使う手法を応用したものです。

　不安がまったくない行動（第0段階）は今まで通りの行動である「夫が子どもの話ばかりしていても、夫に何も言わない」です。一番不安が強い行動は、「夫が子どもの話ばかりしたとき、ふたりの話をしようとハッキリ言う」になります。

　不安がない行動を「第0段階」と設定し、目標とする行動をもっとも不安が強い行動を「第5段階」とします。そして「第1段階」から「第4段階」までの行動を考えて書き出します。

　第1段階は、不安が少ない行動で、第2段階は第1段階より不安が強い行動を設定します。同じように第3段階、第4段階と上がるにつ

れて不安が強い行動を設定します。これらの行動は、第5段階をゴールにしていますので、第5段階の行動に向かうステップとなるよう設定します。

　各階層のイメージとしては、家の庭先から屋根にかけた5段の梯子を、一歩一歩上って行き、最後は屋根に到達するといったものです。

　第1段階の行動からやっていきます。それをクリアすれば第2段階の行動をやります。次の段階になかなか上がれない場合は、間にもうひとつ段階を設けても構いません。不安が低いレベルからひとつひとつ段階を踏んで行動に移していけば、強い不安を感じることなく目標の行動までたどり着けるのです。

不安のステップ化

不安高

第5段階	「ふたりの話をしよう」とハッキリ言う
第4段階	「ふたりの話もしてくれないかな」とお願いをする
第3段階	「ふたりの話もするのはどう?」と冗談っぽく言う
第2段階	「子どもの話以外にも話をしたいなあ」と独り言を言う
第1段階	困ったそぶりをするだけで言葉では伝えない

不安のステップ化

不安高

第5段階	
第4段階	
第3段階	
第2段階	
第1段階	

その行動の
メリットとデメリット

　ここでは「新たな信条に基づく行動」から選択した行動を実現するために、行動を具体化しましょう。具体化とは詳細な行動内容を決めることで、

　いつ、どこで、誰と、何を、どのように、なぜ

　を明確にすることです。

「子どもと、一日のゲームの時間を話し合って決める」を選択したとすれば、それを「いつ」（今週末の土曜日の夕食後、子どもがゲームを始める前に）、「どこで」（子どもの部屋で）、「どのように」（今週金曜日までに書籍でゲームの時間の決め方を探しておき、その手順を準備したうえで、私から提案する）を決めます。

　その他、「何を」は行動に移す内容、「なぜ」は行動に移す理由、など詳細を決めておきます。詳細を明らかにするにつれて、その行動の実施に明確なイメージができ、行動に移しやすくなります。

いつ	今週末の土曜日の夕食後、子どもがゲームを始める前に
どこで	子どもの部屋で
誰と	子どもと
何を	一日のゲームの時間を決める話し合い
どのように	今週金曜日までに書籍でゲームの時間の決め方を探しておき、その手順を準備したうえで、私から提案する
なぜ	子どもに対しても私の意思をはっきりと示し、自分の重要さを確認する。また、子どもがゲームに依存しすぎないために

いつ	
どこで	
誰と	
何を	
どのように	
なぜ	

｜ メリットとデメリット、どちらが多いか ｜

　次にこれを行動に移す「メリットとデメリット」を整理します。メリット欄には、これを行動に移した効果（行動後の気分の良さ）も、デメリットにはこれを行動に移す際の労力（心理的な負担）も書きます。思いつくものを全部、なるべく多く書きましょう。

メリット（効果）	デメリット（労力）
・子どものゲーム時間が減る ・子どもに言いたいことを言えるようになる ・子どもと話し合うきっかけになる ・子どもが言うことを聞くようになる ・子どもとのコミュニケーションが増える ・子どもとの関係が変わるきっかけになる ・行動できたら充実感を持てる ・自分に自信が持てる	・今以上に嫌がられるかも ・よけいに言うことを聞かなくなるかも ・行動するのに不安がある

メリット（効果）	デメリット（労力）

　メリットとデメリットを書いたら、それをよく見比べてみます。新しい行動を取る以上、その行動に多くのメリットがないと苦しいものになります。これを行動に移すメリットは、デメリットより多いでしょうか。もしここで、デメリットのほうが多いようだったら、行動内容を修正することを検討しましょう。たとえば事前に夫と話をして夫と一緒に話をする、まずは専門家の助言を聞くなどです。

｜ 行動内容を上手に修正するポイント ｜

　行動内容の修正は他の方法を探すところから始めます。「プレゼンの資料をひとりで作成する」という行動も、「独学でやる」「習いに行く」「先輩や上司から教えてもらう」など方法はいくつもあります。

　まずはいくつか考えられる方法を書き出します。数は多いほうがいいでしょう。それぞれの方法のメリットとデメリットを書き、それを検討して、そのうえでデメリットよりメリットが一番大きいものを選んでください。

　行動内容の修正がうまくできない場合は、新たな信条に基づく行動の中の別の項目を選択したほうがいいでしょう。しかしながら、メリットのほうが多いようだったら、行動に移しましょう。これがこの行動を選択するかどうかの最終決定を下すための評価です。

NOの結果が出たときの
対処法

　新たな信条に基づく行動の項目を実行するための、詳細な行動内容まで決定したところで、最後の準備をしましょう。それは、想定される結果への対処法を考えておくことです。

　行動に移したとき、その結果はどうなるでしょうか。たとえば「席が近い後輩たちが仕事中に私語をしているとき、私語をやめてとハッキリ優しく言う」を行動に移したとき、その結果、相手の反応はどうでしょうか。後輩たちから「申し訳ありませんでした」と謝罪の返事が返ってきてその後は私語がなくなるという、好ましい結果がもたらされればたいへん結構なのですが、結果は必ずしも好ましいものとは限りません。

｜ 好ましい結果になるとは限らない ｜

　ここで大切なのは、結果には「ＹＥＳ」も「ＮＯ」もあることを知っておくことです。「ＹＥＳ」だけを期待して行動に移すと、「ＮＯ」の結果の場合にショックを受け、その後行動に移さなくなってしまうかもしれません。結果には「ＮＯ」もあることを覚悟しておくことは、行動を継続するうえでとても重要です。

　また「ＮＯ」の結果を想定して、その対処法を考えておくこともたいへん意味があります。「ＮＯ」の結果でも、たとえば後輩たちから注意が受け入れられなくても、その反応に対して冷静に対処できます。そして行動を別の方法で継続していくことすら可能になります。このようにあらゆる結果を想定して、その対処法まで考えておくことは、行動を継続するために重要なことです。

　想定する結果は、好ましい結果だけではなく、好ましくない「Ｎ

O」の結果をいくつも考えられるだけ想定しましょう。そのうえで、対処法を考えておきます。その対処法のやりとりは、事前にひとりで練習しておくとさらにいいでしょう。たとえば次の例では「ごめんね、嫌なこと言って」というセリフを鏡に向かって言う練習をしておくことになります。そうすることでより安心して行動に移すことができます。

行動すること：夫が子どもの話ばかりしたとき、ふたりの話をしようとハッキリ言う

予測される結果	対処法
・嫌な顔をされる ・責められていると受け取った夫から、逆に文句を言われる ・「ごめん、わかった」と素直に受け入れられる ・無視される	・「ごめんね、嫌なこと言って」と言う ・責めているのではないと告げる ・「わかってくれてありがとう」と言う ・悪いことをしたわけじゃないから気にしないようにする

行動すること：

予測される結果	対処法

　ここまでできたらいよいよ実際に行動に移しましょう。次ページは、行動後に行うワークです。

ワーク26

結果を検証しよう

　行動に移してみて、結果がどうだったでしょうか。好ましい結果であればそれに越したことはありませんが、それ以上に大切なことがあります。自分の習慣を変え、より良い状態を目指すための行動なので、行動した結果、新たな信条や心の言葉はどれくらいしっくりきたかを評価することが大切です。

　たとえば、「夫が子どもの話ばかりしたとき、ふたりの話をしようとハッキリ言う」を行動に移したのは、「子どもの話はするけれども自分とのふたりの話はしない夫にとって、自分は重要な存在ではない」と思ってしまうので、それを変えるためでした。また、その行動を通して、「自分は重要な価値がある存在である」の新しい信条を証明するためでもありました。行動の結果、新しい信条がどれくらいしっくりきたかを評価します。

｜ 新しい信条のしっくり度を数字で示そう ｜

　そこでまず、具体的方法を行動に移した結果を書きます。できれば行動に移してから時間をあまり置かずに書きます。

　結果には、そのときに自分が気づいたことなども含めてできるだけ詳しく書きます。

　その後、この行動を通して、新しい信条が自分にどれくらいしっくりいったかを書きます。

　もし、しっくり度が低く、今回の行動の結果があまり芳しいものではなかったとしたら、方法をもう一度練り直ししましょう。別の方法で行動に移せば、次は今回より好ましい結果が出るかもしれません。もしくは別の行動の項目を選択し、やってみましょう。ここで止まっ

てしまうことなく、先に進み続けることが大切です。この結果を書いている時点で、すでに一歩歩きだしているわけですから。

結果	しっくり度
土曜日の夜、夫が子どもの話をし始めたので「子どもの話もだけど、ふたりの話もしよう」とハッキリ言った。言ったあと、夫の表情は一瞬固まったような気がしたので、「決して責めているわけじゃなく、私はあなたにとって大事な存在だという実感を持てるようになりたい」と言った。事前に練習していたのですぐにスムーズに言えた。そのあとは「そういえばしばらくふたりの会話ってなかったかもなあ」と夫が言い「これからはふたりの会話もやっていこう」と言ってくれたので、私が思っているほど夫は私が言ったことを気にしていないかもしれないと思った。	自分が重要な価値があると認めることができた。大事に扱われたいのだとも改めて思った。言うことが正しいだけでなく言い方は大事だと思う。 しっくり度：90

結果	しっくり度

日々の行動と気分の モニタリング

　新しい信条に基づく新たな行動を始めた人には、日々の行動と気分をモニタリングすることを勧めています。新たな信条に基づいて行動を継続するうえで大切なのは、うまくいくこともうまくいかないことも、そして気分がいいときも良くないときもあるということです。それを正しく記録しておくことが大切です。

｜ 行動改善の3つのポイント ｜

　3つのポイントを基に、うまくいったところはうまくいったところとして正しく認識することが行動の継続へのエネルギーとなります。うまくいっているところを理解することで、次のステップにも進みやすくなります。なぜうまくいったのかを振り返ることで、うまくいくためのポイントもわかります。

　またうまくいかないところはうまくいかないところとして、なぜうまくいかなかったのかと考えることができます。それが、よりうまくいくための行動改善のヒントになります。

　このように、モニタリングによって、行動を継続し、さらなるステップアップのために有益な手掛かりをたくさん得ることができます。

　一日を通して、

①どれくらい行動できたか？
②行動した結果、新しい信条や心の言葉のしっくり度は？
③行動した結果、気分が楽になったか？

　の3点を次ページのように数値化して記入します。

セルフモニタリングシート

項目	21日	22日	23日	24日	25日	26日	27日
①どれくらい行動できたか？	50	80	30	80	60	90	40
②行動した結果、新しい信条や心の言葉のしっくり度は？	40	40	40	60	80	50	40
③行動した結果、気分が楽になったか？	50	40	40	70	80	60	50

セルフモニタリングシート

項目	日	日	日	日	日	日	日
①どれくらい行動できたか？							
②行動した結果、新しい信条や心の言葉のしっくり度は？							
③行動した結果、気分が楽になったか？							

｜ 振り返りの３つのポイント ｜

さらに、次の３点を検証します。

①うまくできたところは？　なぜうまくいったのか
②うまくできなかったところは？　なぜうまくいかなかったのか
③改善したいところは？

「自分の意見を部下にハッキリ言う」ことを行動に移したケースを例であげておきます。

項目	振り返り
①うまくできたところは?　なぜうまくいったのか	自分の意見を言うことはかなりできた。「あくまで私の考えですけど」と前置きすることで話しやすくなることがわかった。
②うまくできなかったところは?　なぜうまくいかなかったのか	自分の意見を言って、相手の反応が悪いとき、落ち込んだり、そのショックを引きずったりしてしまう。
③改善したところは?	「NO」の結果を想定して、対処法を準備しておくといい。 相手の反応は相手のことなので、私が何とかすることはできないと思うようにする。

項目	振り返り
①うまくできたところは?　なぜうまくいったのか	
②うまくできなかったところは?　なぜうまくいかなかったのか	
③改善したところは?	

ワーク28

ゆるしのメッセージ　あとがきに代えて

　この本では、「信条を決断した」という表現を使っています。その表現に違和感を覚えるかもしれません。子ども時代、親から大事に扱われなかったとしたら、自分を重要じゃないと思うのは当たり前なので、決断させられたというほうが正しいのではないかと。

　しかしながらそうではありません。決断の主体はあくまでも自分、自分で決めたことです。そう考えるからこそ、変えることもできるのです。

　最後に、禁止メッセージである信条（69ページ）対して「ゆるしのメッセージ」を作成してください。ゆるしのメッセージは、気分を良くしてくれ、新しい信条を定着させるための助けになります。

　あなたが親から禁止メッセージを受け取ったとき、否定的なメッセージの代わりに、どのような態度や言葉が欲しかったですか。「こういう態度でこう言ってほしかった」と思えるものを「許可したいこと」に書いてください。欲しかった態度も言葉もどちらも書いてください。

信条	許可したいこと
私は重要な存在であってはならない	ニコニコして、「あなたが大事だよ」と抱きしめてほしかった。
私は自分らしくあってはならない	優しく微笑みながら「あなたのままでいいよ」と言ってほしかった。
私は楽しんではならない	嬉しそうな態度で「一緒に楽しいことしよう」と言ってほしかった。

信条	許可したいこと

　これに沿って、次に空想のワークを実施します。これは「ゆるしのメッセージのワーク」です。2〜3分ほどの簡単なワークです。自分が理想の親になるワークと、子どものころの自分に身を置くワークがあります。

　太字が自分が理想の親になるワーク、[　]内が子どものころの自分に身を置くワークです。

●子どものころの自分が目の前にいると空想してください。できれば禁止メッセージを決断したころの自分をイメージします。

［禁止メッセージを決断したころの子どもの自分に身を置きます］

●自分が理想の親になり、子どものころの自分の前に立ちます。理想の親は優しく養育的です。

［理想の親が自分の前に立っているとイメージします。理想の親は優しく養育的です］

●膝をついて子どものころの自分と目線の高さを合わせます。

［理想の親が、膝をついてあなたと目線を合わせてくれます］

●子どものころの自分に、理想の親であるあなたが「許可したいこと」を伝えます。

［理想の親が、あなたに「許可したいこと」を伝えてくれます］

●子どものころの自分が心地よい気持ちになっていることを空想してください。

［その言葉を心で受け取り、心地よい気分を味わいます］

　ひとりになれる時間を作り、「ゆるしのメッセージのワーク」を毎日1回やってみます。自分が理想の親になるワークと、子どものころの自分に身を置くワーク、どちらかしっくりくるほうを選んで実施してください。あなたの新たな信条が、あなたに定着するのを後押ししてくれます。そしてあなたの性格が変わり、人生が変わっていくことも後押ししてくれます。

幼少期のトラウマが消え去る

性格を変えるための認知行動療法ノート

2021 年 3 月 31 日　　初版発行
2024 年 12 月 19 日　　2 刷発行

著　者‥‥‥倉成　央

発行者‥‥‥塚田太郎

発行所‥‥‥株式会社大和出版

　東京都文京区音羽 1-26-11　〒112-0013
　電話　営業部 03-5978-8121 ／編集部 03-5978-8131
　https://daiwashuppan.com

印刷所‥‥‥誠宏印刷株式会社

製本所‥‥‥株式会社積信堂

装幀者‥‥‥後藤葉子(森デザイン室)

装画者‥‥‥こいずみめい

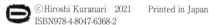